謝罪論

謝るとは何をすることなのか

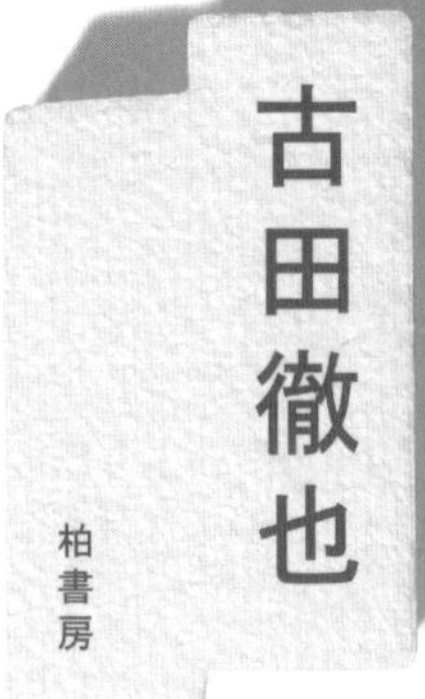

謝罪論

——謝るとは何をすることなのか——

古田徹也

一、欧語文献からの引用文については、邦訳のあるものについてはそれを参考にしているが、すべて新たに原文から訳し起こしているため、必ずしも既訳の文言と一致していない。訳者の方々にはお詫びと御礼を申し上げる。なお、引用（および参照）の際には、原典のページ番号と、それに対応する邦訳のページ番号を並記している。

一、欧語文献からの引用文において傍点などで強調してある箇所は、特にことわりがない場合は、原著者自身がイタリック体などで強調している箇所である。

一、引用文中の……は、原文の一部を省略していることを表している。

一、引用文中の亀甲括弧〔 〕は、引用者による補足箇所を表している。

プロローグ

†謝ることを、子どもにどう教える？

小さな子どもに「謝る」ということを教える場面を想像してみよう。

親はある時期から、悪さをした子どもを叱る際、こういうときは「ごめんなさい」と言うんだ、と教え始める。たとえば、わが子が家のなかで走りまわって騒いでいるとしよう。やめるように何度注意しても言うことをきかない。ついには、ふざけた拍子に物を壊してしまう。親は、「ほら、言わんこっちゃない。「ごめんなさい」は？」などと促す。

そうしたやりとりが何度か繰り返されると、子どもはやがて、「ごめんなさい」と言うことはできるようになる。けれども今度は、場を取り繕おうと「ごめんなさい、ごめんなさい……」と言い続けたり、「もう「ごめんなさい」と言ったよ！」と逆ギレをし始めたりする。

「違う違う！　ただ「ごめんなさい」と言えばいいってもんじゃないんだよ」――そう

言った後の説明が本当に難しい。実際、たんに「ごめんなさい」とか「すみません」といった言葉を発したり、あるいは頭を下げたりするだけでは駄目なのだとしたら、何をすれば謝ったことになるのだろうか。声や態度に表すだけではなく、ちゃんと申し訳なく思い、責任を感じることだろうか。しかし、「申し訳ないと思う」とか「責任を感じる」とはどういうことなのだろうか。そして、そのような思いや感覚を相手に伝えるだけで、果たしてよいのだろうか。結局のところ、「謝る」とは何をすることなのだろうか。

†「謝罪とは何か」と問われて説明しようとすると、我々は知らない

これは、謝罪とは何かを子どもに教えることは難しい、というだけの問題ではない。問いは我々大人にも自ずと跳ね返ってくる。我々は謝罪の意味を自分自身に説明することができるだろうか。

もちろん、我々はある意味では、謝罪とは何かを知っているはずだ。我々は日常的に謝ったり謝られたりしながら生活している。謝罪とはどういうものか分かっていなかったら、そもそも日々の生活を送ること自体が不可能だろう。

とはいえ、謝罪にまつわる種々の行為ができるということと、謝罪とは何かを言葉で説明できるということは、さしあたり別の事柄だ。かつて聖アウグスティヌス（三五四—

四三〇）が「時間」とは何かをめぐって、「時間とは何か――誰も私に問わないときには、私は知っています。しかし、そう問われて説明しようとすると、知らないのです」（『告白』第11巻14章）と綴ったように。

これから本書で明らかにしていくのは、謝罪とは何かを説明するのは一筋縄ではいかないということ、そして、それはなぜかということである。

辞書で「謝罪」という語を調べると、「罪やあやまちをわびること」（『日本国語大辞典』第二版）とある。そこで、「わびる」という語にさらに飛ぶと、おおよそ次のような多様な語釈が並んでいる（同）。

(1) 気力を失って、がっくりする。気落ちする。
(2) 困惑の気持を外に表わす。迷惑がる。また、あれこれと思いわずらう。
(3) 思うようにならないでうらめしく思う。つらがって嘆く。また、心細く思う。
(4) おちぶれた生活を送る。みすぼらしいさまになる。
(5) 世俗から遠ざかって、とぼしい中で閑静な暮らしに親しむ。閑寂を楽しむ。
(6) 困りぬいて頼み込む。困って嘆願する。
(7) 困惑した様子をして過失などの赦し[1]を求める。あやまる。
(8) その動作や行為をなかなかしきれないで困るの意を表わす。[2]

これらの語釈のうちでは(7)が、謝罪することとしての「わびる」の意味を説明しているように思われる。しかし、厄介なことに、謝罪せずとも(7)にあたる行為をすることは可能だ。それこそ、困った顔をしながら偉そうな調子で「お互い様でしょ。もう水に流してよ」と頼むことによっても、「困惑した様子をして過失などの赦しを求める」ことはできるのである。(ちなみに、「あやまる(謝る)」という語を調べても、「過失の赦しを求める。わびる。謝罪する」(同)と記載されているだけだ。つまり、「謝罪」、「わびる」、「あやまる」の間で語の説明が循環してしまうのである。)

辞書を調べても、謝罪とは何かは浮かび上がってこない。したがって、別のアプローチが必要だ。本書では、主として言語哲学の議論を手掛かりにしつつ、ときに倫理学や政治哲学、法学、言語学、社会心理学、社会学などの知見も幅広く参照しながら、謝罪という行為の内実を探っていく。同時に、学問上の抽象論に終始することなく、我々が日々の生活のなかで謝罪する具体的な実践にも目を配っていく。

†謝罪とは何かを探究することの二つの意義

その過程で本書が示す一定の見通しを、ここであらかじめ大雑把に述べておくなら、謝罪とは、互いに関連し合う多種多様な行為の総体にほかならない。いくつかの種類の謝罪に共通して言える特徴が、別の種類の謝罪には当てはまらない。ある種類の謝罪に関しては申し分のない説明が、別の種類の謝罪に関しては不適当な説明になる。――種々の行為の具体的な中身を解きほぐし、その全体を見渡すことによってはじめて、「謝罪とは何か」という大きな問いに答えることができる。本書はその実践である。

しかし、そのような実践にどんな意味があるのだろうか。我々が日々、実際に謝罪したり謝罪されたりすることができているのなら、それで十分ではないか。「時間とは何か」という深遠な問いに答えることができなくとも日々の生活に支障はないのと同様に、謝罪とは何かを言葉で十分に説明する必要はないのではないか。

この疑問に対しては、主に二つの観点から応答することができる。まず一つ目は、我々は自分自身のことを必ずしもよく理解しているわけではない、という点である。謝罪という行為は社会のなかで非常に重要な位置を占めており、我々の生活の隅々にまで深く根を張っている。だからこそ、謝罪の内実は複雑であり、多種多様なのだとも言える。普段は目立たず、注目されにくい謝罪の諸特徴を、あらためて照らし出していくこと――そうして、この行為の詳細と全体像を掘り下げていくこと――は、なかなか骨の折れる道のりだが、我々の生活や社会について、ひいては我々自身について、より深い理解を獲得することにつながるはずだ。古代ギリシア以来、人は「自分自身を知る」ことを求めてきた。謝罪とは何かという探究は、少なくともこの目的に資する実践だと言える。

そしてもう一つは、実際のところ我々は必ずしも適切に謝罪ができているわけではない、という点である。ときに我々は、自分ではちゃんと謝ったつもりでも、「それでは謝ったことにならない！」とか、「そんなものは謝罪ではない！」と言われることがある。また、自分では謝る必要はないと思っていても、「なんで謝らないんだ！」と言われることがある。謝罪に関して駄目出しをされるのは子どもだけとは限らないのだ。

　そして、謝罪の不適切さは、謝罪を求める（謝罪を受ける）側についても言うことができる。たとえば我々は、相手に対して過剰な謝罪を要求してしまうことがあるし、そもそも謝罪を求めるべきでないところで求めてしまうこともある。また、逆に、謝罪を求めて然るべきところで、相手や周囲から「それは過剰な要求だ」などと言われ、口を塞がれてしまうこともある。いずれにせよ、適切な謝罪がなされない事態を避けて、謝罪をめぐる失敗が問題のさらなる悪化をもたらすことを防ぐためにも、謝罪について理解を深めることは大きな助けとなりうる。

　我々が謝罪しようとするとき、具体的には何をしようとしているのか。また、相手に謝罪を要求するとき、いったい何を求め、何を願っているのか。これらを詳しく、明確に捉えることは、我々が自分自身を知り、自分の心情や思考を整理して、不適切な謝罪や不必要な謝罪を回避することにつながるだろう。また、その場を収めるためだけの謝罪（その場しのぎで、その場を取り繕うためだけの謝罪）が蔓延《まんえん》しているこの社会にあって、現状を見直す足掛かりにもなりうるだろう。

謝罪論　目次

第1章

謝罪の分析の足場をつくる

第1節

〈軽い謝罪〉と〈重い謝罪〉
――J・L・オースティンの議論をめぐって

†行為遂行的な発話、その範例としての「おわびします（I apologize）」

謝罪とは何か。現代を代表する哲学者のひとりJ・L・オースティンは、ある意味で、この問いに取り組むための最初の足掛かりとなる議論を展開している。

オースティンによれば、言葉を発するという我々の行為は、事実確認的（constative）な発話と行為遂行的（performative）な発話の二種類に大別することができる。前者の事実確認的な発話の例としてオースティンが好んで取り上げるのが、「ジョンは走っています（John is running）」という発話だ。この発話は大抵の場合、実際にジョンが走っている場合に真になる――事実を正しく記述していることになる――という特徴をもつ。つまり、この種の発話は、事実を確認する（あるいは、事実を記述する）類《たぐ》いのものだと言える。

他方、たとえば私が、「明日にはお金を返すと約束します」と言うとしよう。この発話は通常、何か事実を確認したり記述したりしているというよりも、そう言うことによって、まさに〈約束する〉という行為を遂行していると捉えるのが適当だ。行為遂行的な発話とオースティンが呼ぶのは、この種の発話、すなわち、「発話することが、とりもなおさず、何らかの行為を遂行すること」(Austin 1962: 6/21) であるような発話にほかならない。

そしてオースティンによれば、「おわびします (I apologize)」という発話も後者の行為遂行的な発話に属するものであり、かつ、この種の発話の範例ないし典型例なのだという。彼は次のように指摘している。

> 通常の場合、たとえば走ることに関しては、彼が走っているという事実があって、それが「彼は走っています」という発話を真にする。同じことを別の言葉で表現するならば、「彼は走っています」という事実確認的な発話が真であるかどうかは、彼が走っているという事実に依拠している、ということだ。それに対して、目下の行為遂行的な発話のケースにおいては、「おわびします」という行為遂行的な発話が適切なものだということがあって、それが、私が謝罪しているということを事実にしている。それゆえ、私が成功裡に謝罪しているという事実の方こそが、「おわびします」という行為遂行的な発話の適切さに依拠しているのである。(ibid.: 47/79-80)

オースティンが言いたいのはこういうことだ。「おわびします」という言葉——あるいは、「すみません」や「ごめんなさい」、「申し訳ありません」といった言葉——を適切な状況において適切な仕方で発したとき、私が謝罪しているということが事実になる。この種の発話は、たとえば「私は謝罪した」とか「私は「すみません」と言った」といった発話のような、すでに生じている事実を確認（記述）する行為ではない。そうではなく、私が謝罪しているという事実そのものをつくりだす行為なのである。

†「おわびします」等の発話は、謝罪の遂行にとって必要不可欠とは言えない

以上の議論に関しては、まずもって補足が必要なポイントがある。それは、「おわびします」等々の言葉を発しなくとも謝罪することは可能だということである。

人はたとえば、「反省しています」とか「本当に悪いことをしました」といった言葉によっておわびの気持ちを表すこともできるし、また、そもそも言葉を用いずに、自分の顔の前で手を合わせたり、頭を下げたり、あるいは土下座をすることによっても謝罪は可能だ。これは、当たり前といえば当たり前のことであって、当然、オースティンもこの点に言及している。すなわち、謝罪する、警告する、命令する、抗議するといった行為は「非言語的な手段でも可能だ」（Austin 1962: 118/181）ということである。

表1／オースティンによる「事実確認的な発話」と「行為遂行的な発話」の区別

事実確認的（constative）な発話： 事実を確認する（あるいは、事実を記述する）発話	「ジョンは走っています（John is running）」 「私は謝罪した」 「私は「すみません」と言った」
行為遂行的（performative）な発話： 発話することが、とりもなおさず、何らかの行為を遂行することであるような発話	「明日にはお金を返すと約束します」 「おわびします（I apologize）」 「すみません」、「ごめんなさい」、etc.

ただし、そうした非言語的な手段には、しばしば曖昧性というものがつきまとう。自分の顔の前で手を合わせることも、頭を下げることも、さらには土下座をすることも、謝罪の気持ちではなく、お礼の気持ちや媚《こび》を売る気持ちなどを表す手段でありうる。（実際、『広辞苑』第七版を繙《ひもと》くと、土下座とは「相手に恭順の意を表すため、地上に跪《ひざまず》いて礼をすること」とある。）

また、「反省しています」とか「本当に悪いことをしました」といった言葉も、相手に向けて謝罪しているわけではなく、そのときの自分の認識や心境を表現しているだけというケースもありうる。先の分類でいえば、行為遂行的な発話ではなく、自分の認識や心境についての事実確認的な発話であることもありうるのだ。

だとすれば、〈発話することが、とりもなおさず、何らかの行為を遂行することである〉という、オースティン自身による定義に適う謝罪の言葉とは、いったいどのようなものなのだろうか。それは、謝罪すべき状況において定型的な謝罪の言葉――「おわびします」、「すみません」、「ごめんなさい」、「申し訳ありません」など――を発することだろうか。そうしたケースであれば、〈発話することが、とりもなおさず、謝罪という行為を遂行することである〉と言えるのだろうか。

†「おわびします」等の発話は、謝罪の遂行にとって十分とも言い切れない

いや、そうは言い切れない。先のオースティンの議論に従うなら、「おわびします」とか「すみません」といった言葉を適切な状況において適切な仕方で発したとき、私が謝罪しているということが事実になる。問題は、その「適切さ」の具体的な中身である。

まず、前者の「適切な状況」とは、簡単に言ってしまえば、謝罪すべき状況――謝罪するのが適切な状況――のことだ。たとえば、レストランのなかでメニューを広げながら手を挙げ、店員さんに向かって「すみません」と言うことは、謝罪する行為ではなく、何かを注文する行為の一環だろう。つまり、この状況は普通、謝罪すべき状況ではないということだ。他方、たとえば上司の自宅に招かれたとき、テーブルの上の花瓶を誤って落とし、割ってしまったという状況であればどうだろうか。この状況はまず間違いなく謝罪すべき状況であるから、ここで「すみません」と発話しさえすれば、それだけで謝罪をしていることになるのではないか。

いや、実はこれでも十分ではない。というのも、その「すみません」という言葉は適切

な仕方で、また、適切な行動と結びつくかたちで発せられる必要があるからだ。たとえば、にやにや笑いながら馬鹿にした調子で「すみませーん」と言ったり、あるいは、おどけた顔でへらへらしながら「サーセン」と言ったり、あるいはまた、棒読みでただ「すみません、すみません、……」と繰り返すだけだったりするのであれば、相手からは、良くない謝罪だと判定される以前に、おそらく、そもそも謝ったことにならないと見なされるだろう。[3] すなわち、たんに謝罪の定型句となる言葉を発しただけであって、謝罪したという事実が実際につくりだされたとは言いがたいだろう。また、花瓶を割っても平然としており、それから長い時間が経過して破片や花や水の片づけなども全部終わってから、突然「すみません」と言った場合にも、その遅きに失した発話は、相手からまともな謝罪とは受け取られないだろう。あるいはまた、花瓶を割った直後のタイミングで、真剣な顔と口調を伴って「すみません」と言ったとしても、片づけを手伝おうとするなどの気遣う素振りを全く見せないとしたら、やはり、ちゃんと謝っていないと見なされるだろう。

そして、この場合の「ちゃんと謝っていない」とは、いま示した諸々の例に関していえば、誠意ないし誠実さがない、真摯に謝っていない——本当に悪いと思っていない、自分が被害を与えた相手を気遣って、相手のために何かをしようとしていない——ということをおおよそ意味している。[4]

要するに、適切な状況において「すみません」という言葉をたんに発するだけでは、必ずしも（ちゃんと）謝罪したことになるわけではないということだ。その発話がどのようなタイミングで、どのような言い方でなされるのか。さらに、その発話前後の行動がどのようなものか。相手がその発話をどう受けとめるのか。そうしたさまざまな要素が、「すみません」という言葉が謝罪として適切なものか否か──とりわけ、誠実なものであるか否か──ということの内実を構成するのである。

†「I apologize」や「おわびします」等は、行為遂行的な発話の定義に適わない

そうだとすると、〈発話することが、とりもなおさず、何らかの行為を遂行することである〉というオースティンの定義に適う行為遂行的な発話は、少なくとも謝罪という行為に関しては意外と見出しにくいことになる。

そして、だからこそオースティンは、行為遂行的な発話の範例として「I apologize（おわびします）」と明言するケースを取り上げているのだろう。というのも、apology（おわび、謝罪）をするケース以外で「I apologize」という発話がなされることはまずないからだ。

この点に関して、彼は次のように論じている。たとえば英語の「I'm sorry」という言葉は、(1)残念に思っているという自分の気持ちを表す場合にも、それから、(2)謝罪をする場合にも用いられる。そして、(1)の場合には「I'm sorry」は行為遂行的発話ではなく、

事実確認的発話として捉えるのが自然だ。他方で、「I'm sorry」のように事実確認的発話となる場合もあれば行為遂行的発話となる場合もある（あるいは、両者が綯《な》い交ぜになっている場合もある）、といった曖昧さは存在しないという。

> 彼が「I apologize」と言ったとすれば、我々は、それは紛れもなく行為遂行的発話であり、謝罪するという儀礼（the ritual of apologizing）が成立したと思うはずだ。……純粋に行為遂行的であることが明白な発話と、記述的であることが明白な発話……その両者が存在するケースを、我々はしばしば見出すことができる。だが、他方で、両者のどちらであるのかが不明瞭な中間的なケースも数多く存在する。（Austin [1956] 1970: 246-247/400-401 ※強調は引用者）

つまり、ここではオースティンは、「I apologize」と発話することはそれだけで謝罪という行為を遂行し、完了させるものだ、と主張しているように思われる。しかし、発話の適切さというものを強調する先述の彼自身の論点に照らしても、そう主張することはできない。すなわち、「すみません」という言葉をたんに発するだけでは必ずしも謝罪したことになるわけではないのと同様に、「I apologize」と言っても謝罪になっていない、という場合はさまざまにありうる。たとえば、幼い子どもがただ「I apologize, I apologize,

I apologize, ...」と繰り返しているだけという場合もあるだろう。また、たとえ自分では謝罪をするつもりで「I apologize」と言ったとしても、その言い方などが全く適切ではなく、謝罪になっていないと相手に受け取られる場合もあるだろう。いずれにしても、「I apologize」と言うこと——および、「おわびします」、「ごめんなさい」、「すみません」などと言うこと——は、謝罪をすることとそのままイコールだとは言えない。

さらに、「I apologize」や「すみません」といった発話を適切な仕方で行《おこな》っても謝罪にならないというケースも、それこそ無数に存在する。先ほど簡単に確認した通り、発話の前後でどのような行動をとるかや、相手がそれをどう受け取って応答するかといった、実に多様なファクターが謝罪を構成する要素となりうる。この点は後で詳述するが、現時点で言えることは、謝罪はその主体による意志や発話などのみによって成立する一方向的な行為というよりも、大抵の場合、客体へのさらなる働きかけや客体からの種々の応答なども絡み合う相互的な行為だということである。

†儀礼的な謝罪における適切さ——「電車事例」をめぐって

とはいえ、「すみません」などと言うだけで謝罪という行為がほとんど成立するようなケースも存在することは確かだ。たとえば以下のケース——これを本書ではここから、便宜のために「電車事例」と呼ぶ――を考えてみよう。

【電車事例】混み合う電車のなかで、私が吊り革を摑みながら立っている。電車が揺れて、私は思わずよろめき、隣に立っている人の足を軽く踏んでしまう。その人は見たところ痛がっていないし、靴も汚れなかった。私はさっと頭を下げて「すみません」と言い、相手もすぐに会釈を返す。

このようなケースであれば、「すみません」と発話し、相手が軽く反応することだけで、謝罪という行為が完了していると言えるだろう。

しかし、ここからが肝心な点なのだが、いまの電車事例は果たして謝罪の典型的な事例と呼べるだろうか。「謝罪」という言葉で、我々はこのような場面をすぐに思い浮かべるだろうか。この問いに対する大方の答えは否定的なものとなるだろう。もちろん、いまの電車事例において、人が人に謝っているということに間違いはない。だが、むしろその行為は、〈こういうときは普通はこう振る舞うものだ〉という儀礼的な所作、すなわち、社会的慣習に従った形式的な振る舞いという性格が色濃いものだ。電車のなかで誤って他人の足を踏んでしまったようなとき、我々は普通、すぐに頭を下げたり、「すみません」や「ごめんなさい」、「失礼」などと声をかけたりするものだ。また、相手も、それに会釈を返したり、「いえいえ」などと返答したりするものだ。我々の多くはそうした社会的慣習ないしはマナーを身につけたうえで、混み合った電車に乗り込んでいるのである。

先の引用（21頁）の冒頭部でオースティンは、「彼が「I apologize」と言ったとすれば、我々は、それは紛れもなく行為遂行的発話であり、謝罪するという儀礼が成立したと思うはずだ」と述べている。しかし、〈自分がこう言い、相手がこう返し、それで成立する〉という風に特徴づけられる儀礼的な謝罪において、「I apologize」や「おわびします」といった言葉はむしろあまり用いられない。もしも、電車のなかで誤って他人の足を踏んでしまったときに、私が深々と頭を下げながら「おわびします」と言ったならば、相手はかなり怪訝《けげん》に思うだろう。まして、土下座を始めたりなどすれば、相手は気味悪がってその場から急ぎ立ち去ろうとするかもしれない。つまり、これらの言動は、電車事例のような事例においてはまさに不適切ということだ。儀礼的にマナーとして「すみません」と言えば済むような、言うなれば**軽い謝罪**のケースにおいて、そのような言動は不釣り合いに重すぎるのである。

†本節の結論――〈軽い謝罪〉と〈重い謝罪〉の間のグラデーション

さて、ここまでの議論によって、謝罪とは何かに関してどのようなことが明らかになったのだろうか。

まず最初に確認したのは、(1)オースティンが人間の発話行為を事実確認的なものと行為遂行的なものとに大別したうえで、(2)「I apologize（おわびします）」という発話を、後者の行為遂行的な発話――すなわち、発話することが、とりもなおさず何らかの行為を遂行することであるような行為――の範例として示していることである。

そして、次に確認したのは、(2)の部分の主張は間違っているということだ。「I apologize」や「おわびします」という言葉を適切な仕方で発したとしても、そこに「apology」や「おわび」という語が入っているからといって、それだけで謝罪という行為を常に遂行することになるわけではない。オースティンの主張とは裏腹に、これらの言葉が謝罪の意味をもつためには、むしろそれ以上の何かがしばしば求められるのである。

そして、その「何か」に含まれうるものとして先ほどさしあたり取り出したのは、誠実さである。すなわち、本当に悪いと思っており、自分が被害を与えた相手を気遣って、相手のために何かをしようとしているということだ。そして、その誠実さは、少なくとも部分的には、「I apologize」や「おわびします」といった言葉を適切な状況において適切なタイミングや言い方で発するということだけではなく、その発話前後の行動が適切なものであるということによっても測られる。

他方、オースティン自身による行為遂行的発話の定義に馴染む事例、すなわち、発話行為だけで謝罪がほぼ成立し、それ以上の何かが求められない事例として先に挙げたもののひとつは、混み合った電車のなかで他人の足を意図せずに踏んでしまうケース（＝電車事例）である。このようなケースでは、我々は「すみません」などと言い、相手も会釈などを返して、それで大抵は済む。また、おちゃらけた調子で「サーセン」などと言うことはこのケースでも不適切だが、〈その謝罪に誠意はあるか〉ということ自体に関心が向くことはない。むしろ、そこで深刻な調子で「おわびします」などと言うことの方が、普通は適切な振る舞いではないのだ。（また、同様に英米圏においても、この種のケースにおいて「I apologize」と発話されることはまずなく、「I'm sorry」や「Sorry」、あるいは「Pardon (me)」といった言葉が用いられるのが普通である。）

そもそも、「すみません」という言葉は、日本語文化圏において相当汎用性の高い言葉であり、先述の通り、レストランで注文するときなど、誰かに呼びかける際にも用いられるし、また、落とし物を他人に拾ってもらったときや、電車のなかで他人に席を詰めてもらったりしたときに、恐縮しつつお礼を言う際などにも用いられる。そしてもちろん、取り返しのつかない過失をしでかしたときなど、いわば**重い謝罪**をする際に用いられることもある。いずれのケースにおいても、〈相手に多かれ少なかれ負担や迷惑などをかけることを恐縮し、気遣う〉という態度が含まれていると言うこともできるが、レストランで店員さんを呼ぶときの「すみません」が謝罪であるとは誰も言わないだろう。この種の発話

表2／〈軽い謝罪〉と〈重い謝罪〉の区別

軽い謝罪	・相手が被った損害が軽微なものである場合に行うべき謝罪。 ・「すみません」「Sorry」「Pardon」などと言ったり、軽く頭を下げたりするだけで済み、深々と頭を下げながら「おわびします」「I apologize」などと言うことがむしろ不適切になるような謝罪。 →呼びかけやお礼の意味で「すみません」と言うときのような、マナーないし儀礼的な行為としての性格が入り交じっている。 ・謝罪の誠実さというものがさほど重要性をもたない。
重い謝罪	・相手が被った損害が重大なものである場合に行うべき謝罪。 ・「おわびします」「I apologize」「すみません」などと言ったり頭を下げたりするだけでは成立しないような謝罪。 ＝〈こういうときは普通はこう振る舞う〉という儀礼的な所作だけでは完了しないような謝罪。 ・謝罪の誠実さというものが大きな重要性をもつ。

は、他人に対して丁寧に呼びかける際になされる、まさしく儀礼的な発話行為なのであり、慣習的なマナーに属する行為なのである。

その意味では、電車事例における「すみません」という発話は、謝罪として捉えうる行為のなかでは最も軽い部類に入るものだと言える。そして、この「軽い」というのは、他人に対する呼びかけやお礼の意味で用いられる「すみません」に接近している、ということである。

自分が誰かに対して与えた害や損失の種類ないし程度に応じて、「すみません」という発話は、純粋に儀礼的な行為から、「すみません」と言うだけでは済まない重い謝罪の局面までグラデーションがあり、全体として一種のスペクトラム（＝連続体）を構成している（図1参照）。[5] もっとも、後の章で取り上げるいくつかの例のように、このスペクトラムのなかの一点としてきれいに収まらない種類の謝罪も

図1／「すみません」という発話のスペクトラム

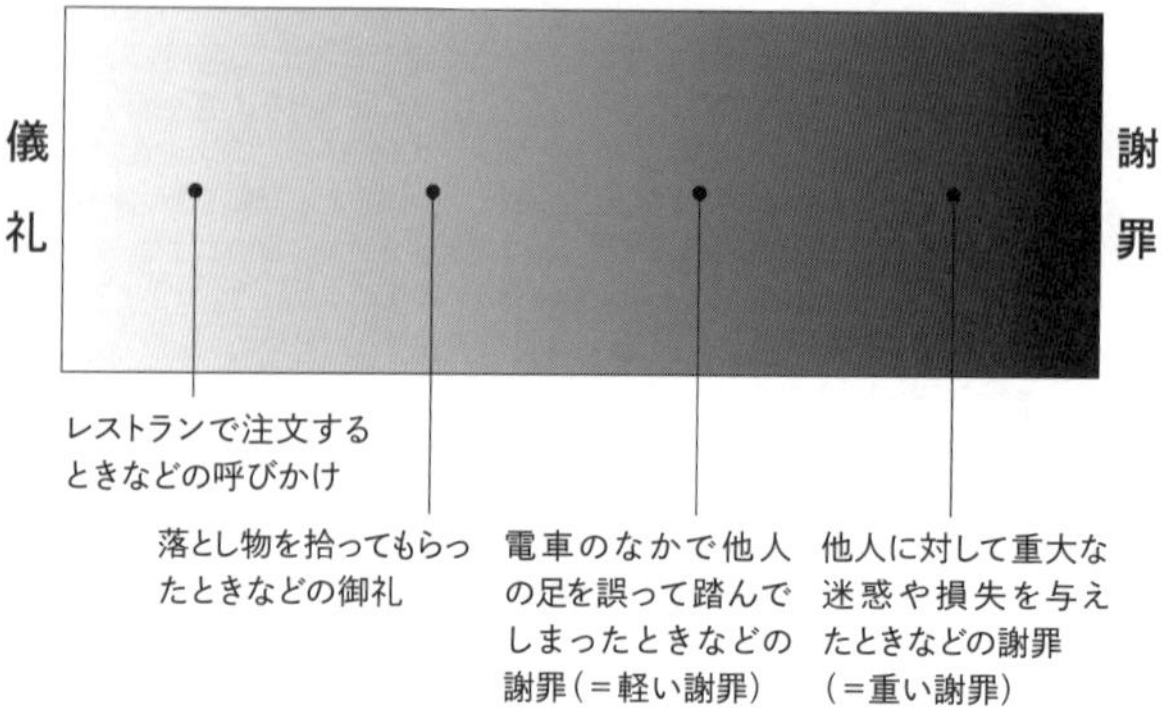

数多く見出すことができるが、ともあれ、儀礼としての性格と謝罪としての性格が入り交じった境域に、先程来〈軽い謝罪〉と呼び始めているケースが位置づくのである。

そして、この種の〈軽い謝罪〉にはもちろん、「すみません」以外の言葉が用いられるケース——あるいは、言葉ではなく身振りが用いられるケース——も無数に存在する。たとえば、我々は仕事の依頼などをするとき、「ご多忙の折にご面倒をおかけして申し訳ございませんが……」といった物言いをすることがある。また、何らかのトラブルで電車の発着に数分程度の遅延が生じたとき、車掌が「お急ぎのところ申し訳ございません」といったアナウンスをすることも、（少なくとも日本の電車内では）よく見られる光景だ。こうした謝罪も、儀礼やマナーとしての性格が色濃いものだと言えるだろう。

第2節

マナーから〈軽い謝罪〉、そして〈重い謝罪〉へ——和辻哲郎の議論をめぐって

前節では、オースティンの議論を批判的に検討しながら、謝罪を〈軽い謝罪〉と〈重い謝罪〉とに大別する線引きを行《おこな》った。それを踏まえて本節では、前者の〈軽い謝罪〉の内実に関する、より具体的な分析に進みたい。とりわけ、たとえば電車事例において一方が「すみません」と言い、もう一方が会釈を返すことにどのような意味があるのか、という点を探っていく。それによって、後者の〈重い謝罪〉の特徴を捉える手掛かりを得ることもできるだろう。

†持ち場、期待、信頼——電車事例において謝罪をすべき理由

大正・昭和期の日本を代表する哲学者のひとり和辻哲郎は、主著『倫理学』において、本書で「電車事例」と呼んでいるケースをまさに取り上げながら、人間の行為にまつわる

重要な視座を提供している。まずはその箇所を引用してみよう。

……我々は、意識的・意志的・知能的というごとき規定を持たない動作であっても、それが人間関係の契機である限り、行為となることを注意せねばならない。一般に過失と呼ばれる現象がこのことを明示している。我々は電車の中であやまって他人の足を踏めばその過失をわびる。わびるのは足を踏んだことに対して責めを負うのである。しかもそれは過失であるがゆえに、意志の決定によって意識的になされたことではない。我々はただ不注意であったのみである。しからば我々は、己れの意志の選択決定によるものでないにかかわらず、ただ注意の欠如のゆえに、すなわち不作為のゆえに、この過失を己れの行為として責めを取るのである。しかし、不作為が何ゆえに行為としての意義を持つのであろうか。それはただ人間関係における一定の「持ち場」からのみ理解せられる。電車の乗客といえども、乗客であること自身がすでに一定の持ち場に立つことであって、その限り種々の行為の仕方を背負わされている。他の乗客の迷惑になる動作をしてはならぬというごときがそれである。注意の欠如は右のごとき行為の仕方を守る態度の弛緩《しかん》である。（和辻［一九三七］二〇〇七a：359―360）

この引用において和辻が最初に指摘しているのは、「行為」とは必ずしも意志の決定によって意識的になされるものではない、ということだ。人は得てして「行為」というものを、〈家にどう帰ろうか思案し、電車に乗ることを意識的に選択し、その意志決定に基づいて切符を買う〉といった、意識的・意志的・知能的な種類の動作としてのみ捉えがちである。しかし、「過失」という現象を考えてみれば、その種のものだけが行為ではないのは明らかだ。それこそ、私が電車のなかでよろめいて他人の足を踏んでしまうというのは、自分の意志でしたことではないが、確かに私がしてしまったこと、私の行為なのである。

そしてこのとき、私は「すみません」などと言って、足を踏んでしまったことを相手にわびる。では、なぜ私はわびるのだろうか。もしも、電車が急に大きく揺れ、立っていた乗客の大半がよろめいて誰かにぶつかっている状況であれば、私も含めて誰も自分の行いを反省することはないだろう。そのような状況ではなく、多くの人がしっかり吊り革に掴まったり足を踏ん張ったりして、電車の揺れに対して注意をしていたにもかかわらず、私だけが（あるいは、私を含めた少数の乗客だけが）ちゃんと注意をしていなかったために体がよろめき、その結果相手の足を踏んでしまった——この不作為の存在が、私が自分の行いを反省し、謝罪をすることの基本的な理由だと言えるだろう。

以上の点を指摘したうえで、和辻はさらにこう問うている。当然のことながら、我々は自分がしなかったことのすべてについて反省して謝罪する——和辻の表現では「責めを負う」——わけではない。たとえば、我々は日々注意の欠如によって、毎日飲もうと思っていた牛乳を飲まなかったり、発売日に買おうと思っていた本を買わなかったりしているが、それについて誰かに謝るべきとは見なさないだろう。では、なぜ我々は、電車の揺れに対する注意の欠如については謝るべきなのだろうか。

この問いに対して和辻自身は、先の引用の後半部において、人間関係における一定の「持ち場」という観点から回答している。我々が電車に乗るときには、まさに「乗客」という持ち場に立つ。そして、この「持ち場に立つ」ということには、乗り合わせた他の乗客からの期待や信頼に応えるということが含まれている。

我々乗客は基本的に互いに対して、（身心に何らかの怪我や疾患、障害などがあると見なさない限りで）余計な負担や迷惑をかけない立ち居振る舞いを期待している。具体的には、大声を出したり、床に座り込んだり、座席に寝転んだり、両手で吊り革を摑んで懸垂をしたりしないといったこと、そして、他の乗客にぶつかったり足を踏んだりしないように、多少の揺れに備えて身構えておく、といったことだ。我々は、意識的にであれ無意識的にであれ、大抵の乗客はそうした期待に応える人物だという前提の下に電車に乗り込んでいる。言い換えれば、乗客の大半は互いにその程度の信頼を置いている。そうでなければ、我々は電車を利用すること自体に相当の不安を覚えるだろう。

だとすれば、私が注意の欠如によって電車の多少の揺れに対応できず、よろめいて他人の足を踏んでしまうというのは、そのような期待や信頼に応えられなかったということを意味する。和辻によれば、それゆえに私は反省し、謝罪するべきなのである。

したがって、人が人間関係における一定の「持ち場」に立ち、関係する他者から信頼（期待）を置かれている場合には、不注意によって毎日飲もうと思っていた牛乳を飲まなかったり、発売日に買おうと思っていた本を買わなかったりしたときであっても、それは誰かに謝るべきケースだと見なされうる。たとえば、子が親に対して、健康のために毎日牛乳を飲むと約束していたとか、妻が夫に対して、当該の本を発売日に買ってあげると約束していた、といった場合である。

†信頼の回復ないし維持に貢献する行為としての謝罪

そして、そのように謝罪することとは、相手からの信頼の回復に直結するものである。電車事例でいえば、「すみません」と声をかけることによって、私は電車が少し揺れたくらいでいつもよろめいて他人にぶつかるような人間ではなく、まして、故意に他人の足を踏みつけるような人間でもなく、いまのはほんの不注意だと相手に分かってもらうことができるだろう。そして、本来は乗客としての持ち場を保てる人間だと安心してもらうことができるだろう。

あるいは、これを「信頼の回復」と呼ぶのは大げさかもしれない。というのも、このような状況において、足を踏まれた側は大抵の場合、それがたまたまの不注意の結果であって、過度の注意散漫や故意の結果などではないと見なすだろうからだ。そして、その判断が間違いではないということ――つまり、足を踏んできた側は本来、乗客としての持ち場を保てる人間であるということ――は、当人から謝罪してもらうことで確認できる。その意味で、このケースにおける謝罪は信頼の維持に貢献するものだとも言える。

　それから、この種の信頼は一方向的なものではなく、乗客同士が互いにもっているものにほかならない。謝罪とは基本的に、その相手に対して自ずと何かしらの応答を求める行為であり[6]、応答の仕方によっては、謝罪する側が相手に寄せる信頼の方が毀損されることもありうるのである。たとえば、私が軽く足を踏んでしまった相手に対して「すみません」と声をかけたとき、私は基本的に、相手はそれ以上の償いなどの行動を求めたりせず、会釈なり目配せなりを返すことで済ませてくれるものだと期待している。それゆえ、相手が憮然として完全な無視というかたちで応答したとしたら、その場合には、私が相手に寄せていた信頼の方にひびが入るだろう。まして、相手が激昂した様子で「信じられない！」とか「もっとちゃんと謝れ！」、「賠償しろ！」などと怒鳴り返してきたとすれば、相手に対する私の信頼は大きく揺らぐことになる。すなわち、この人には電車という閉鎖空間のなかであまり近くに寄るべきではない、この人は安んじて隣り合わせになれる乗客ではない、そう判断することになるだろう。

†信頼の維持に貢献する儀礼的「すみません」――電車事例のバリエーション①

さらに、和辻によれば、我々がきわめて日常的に謝罪の言葉として「済《す》みません」とか「済《す》まない」と言っているのは、負債という概念に関係している。より具体的に言えば、すべきことをしてくれるだろうという相手からの信頼を裏切ってしまい、すべきことをしていないという未済の感覚――相手に対する負債の感覚――が、まさに「済《す》まない」という意識を当人にもたらすということだ（和辻［一九三七］二〇〇七b：64）。和辻は次のようにも述べている。

我々が意志弱くあるいは臆病なるがゆえにある事を果たし得なかった、ということは、それだけでは「済まない」という意識をひき起こしはしない。そのために他の人を苦しませたとき、あるいは一般に他の人の存在に欠陥を生ぜしめたとき、我々はその人に対して「済まない」と感ずるのである。たとえば飲酒の禁を破ることはそれだけでは済むも済まないもない。飲酒のゆえに家族を苦しませ、あるいは友人に迷惑をかけ、あるいは自分の使命をゆるがせにするときそこに「済まない」と感ずべき事情が成り立つのである。……飲酒によって家族を苦しませることは、飲酒のゆえに家族の信頼

を裏切ることにほかならない。（同）[7]

和辻は以上のような洞察に基づいて、過失だけでなく、意図的になされるものも含めた行為全体を、人間関係における一定の持ち場と、それに応じた信頼という観点から捉えようとしている。ただ、本書ではこれ以上、彼の行為論の詳細には立ち入らない。[8] その代わりに、電車事例のいくつかのバリエーションを考えることを通じて、「信頼」を軸にした彼の議論の拡張ないし修正を図ってみたい。

電車が急に大きく揺れ、立っていた乗客の大半がよろめいて誰かにぶつかってしまう、という状況を先ほど取り上げた（31頁）。そこでも述べたように、このような状況下では、たとえ私がよろめいて他人の足を軽く踏んでしまったとしても、反省をすべきだとは私も相手も思わないだろう。とはいえ、おそらく私はこの場合、相手に「すみません」と声をかけるだろう（あるいは、軽く頭を下げるだろう）。もしも私がそのような言動を示さなかったとしたら、相手は多少なりとも気分を害し、私に対して不信の念を抱くはずである。

このケースにおける「すみません」という発話は、前掲の「すみません」スペクトラム（28頁図1参照）でいえば左サイドに位置するものであり、〈こういうときは普通はこう振る舞う〉というマナーに従った儀礼的行為の要素がかなり色濃い。言い換えれば、謝罪的な要素はないか、あるいは限りなく薄い。だが、信頼の維持ないし回復という、謝罪の「すみません」に含まれる機能と同様のものは、この種の儀礼的な「すみません」にも含まれている。

たとえ、他人の足を踏んでしまったのが完全な不可抗力であり、不注意でも故意でもないことが明白であったとしても、私が「すみません」と声をかけることによって、踏まれた相手は、私が一定の常識をわきまえた市民であることを確認できる。特にこの場合には、電車という閉鎖空間において、私がこの先の道中も隣り合わせでいられる乗客だという信頼を維持できる。そして私の方も、相手が軽く会釈や目配せを返すといった応答をしてくれることによって、同様の信頼を維持できるのである。

(とはいえ、以上の点は、「すみません」という言葉が特定の人々の間で特定の仕方で機能するいまの日本語文化圏のマナーに属することであって、別の文化圏では、不可抗力で他人の足を踏んだときに何かしらの気遣いを示すことが一般に期待されていない、ということもありうる。こうした謝罪行為および儀礼的行為の文化的特殊性については、次の第3節で扱う。)

†「すみません」では済まないとき——電車事例のバリエーション②

さらに、電車事例の別のバリエーションを考えてみよう。電車が多少揺れた拍子に、多数の乗客のなかで私だけが大きくよろめき、他人の足を強く踏みつけてしまうとする。私は慌てて相手に「すみません」と言うが、相手は顔を歪めたまま、さらにしゃがみこんでしまって、私の言葉に反応しない。痛みでそれどころではない様子だ。私は心配と気まずさで、そのまま様子を窺《うかが》う。相手が靴と靴下を脱ぐと、踏まれた足の指が赤く変色している。私はもう一度「すみません」と言う。相手は軽くうなずく。私と相手は最寄りの駅で電車を降りる。相手はこのまま病院に行くと言う。「大丈夫ですか、付き添います」と私は言うが、相手は固辞する。仕方なく、私は相手に名刺を渡していったん引き下がる。相手が病院に行き、骨折していることなどが判明すれば、私は後日、あらためて相手の許《もと》に赴き、治療代や慰謝料を渡すことになるかもしれない。

これはまさに、トラブルが起こったその場で「すみません」と言うだけでは済まなくなったケースである。最初、咄嗟《とっさ》に「すみません」と言った後、もしも相手が幸い怪我をしていなかったり、気分をひどく害していなかったりすれば、事態はそれで収束しただろう。言い換えれば、その「すみません」は〈軽い謝罪〉を意味しただろう。しかし、実際にはその後、相手が大きな怪我をしたことが判明した。その後に私が発した「すみません」は、事態をあらためて深刻に捉えたうえでの発話であり、こちらは明確に〈重い謝罪〉へと移行しつつある。

このように、謝罪には、〈軽い謝罪〉から〈重い謝罪〉へと段階的に移行するケースがあったり、一時的にこの二種類の謝罪が曖昧に重なり合ったりしているケースもあるが、ともあれ、「すみません」がマナーでも〈軽い謝罪〉でもなく、結局のところ〈重い謝罪〉の一環となる場合、この種の謝罪はどうすれば成立するのだろうか。

　現段階でごく大雑把に指摘できるのは、先述のポイント（25頁）の繰り返しになるが、その謝罪が誠実なものであることの必要性だ。いまのケースでは、私は車中をともにできる乗客としての信頼を揺るがせたというだけではなく、相手に怪我をさせるという重大な損害を与えてしまった。そうである以上、私はその事実を踏まえたうえでの何らかの行動を示す必要がある。具体的には、ただ「すみません」と言うだけではなく、その後も怪我をした相手を気遣い、場合によっては病院まで付き添おうとしたり、治療代などを渡そうとしたりすることだ。そうした誠意ある行動を全く抜きにして、言葉のみで〈重い謝罪〉が成り立つことはないだろう。

第3節

謝罪にまつわる言葉の文化間比較

〈重い謝罪〉がそれとして成立する条件をめぐる以上の分析は、まだ肌理《きめ》の粗いものに過ぎない。この種の謝罪の内実については、次の第2章をはじめ、これから本書の紙幅の多くを使って探究していくことになる。

ただ、その前にここでおさえておくべき論点がある。それは、マナーから〈重い謝罪〉までのスペクトラム全体に関連する、文化間の言葉の意味の違い、あるいは、翻訳の難しさという論点だ。

†「すみません」に一対一対応する英語の言葉は存在しない

「日本人はなんでもすぐに謝る」というのは、それこそ常套句のようによく言われることだ。確かに、熟練した日本語使用者は実に多様な場面で「すみません」や「ごめんなさい」などと言うが、前掲の「すみません」スペクトラム（28頁図1参照）でも確認したように、たとえば「すみません」という言葉は謝罪の意味だけではなく、文脈次第で呼びかけや感謝の意味ももちうる。つまり、多様な場面で「すみません」という同一の言葉を使う点だけをつかまえて、「日本人はなんでもすぐに謝る」と捉えるとすれば、それはあまりに皮相的な理解である。

「すみません」は、動詞「すむ（済む）」に、丁寧の助動詞「ます」と打消の助動詞「ん」が付いたものであり、辞書では次のような語釈が示されている（『日本国語大辞典』第二版）。

(1) 気持の上で満足しない。納得しない。
(2) 申しわけありません。ありがとうございます。人にあやまる時、礼をいう時、依頼する時などに使う。

つまり、「すみません」という言葉は元々、相手に何かしらの負担（損害、迷惑など）をかけた場合や、相手に借りや恩義ができた場合なども含めて、自分の気持ちが済まない、収まらない、ということを表す。やがて、そこから派生して、人に多少なりとも負担などをかけること（あるいは、すでにかけてしまったこと）の認識を含み、相手に対して恐縮する思いや、相手を気遣う思いを示す言葉として、呼びかけや感謝の場面においても「すみません」が使用されるようになったと思われる。[9] たとえば、忙しくしている店員さんを呼び止めたり、席を詰めてもらったり、落とし物を拾ってもらったりしたとき、我々はしばしば「すみません」と言う。

他方、たとえば自分の就職先が内定し、同年代の先輩から祝ってもらったりしたときには、その感謝を表すための言葉として「すみません」は選ばず、「ありがとうございます」などと言うのが普通だ。しかし、その先輩自身がまだ就活中で、内定が得られずに苦しんでいるのを知っているという場合には、相手の心理的な負担や心情を慮《おもんぱか》り、恐縮して、「すみません」と言うこともあるだろう。

ともあれ、こうした多様な用法を有する「すみません」に一対一対応する言葉は、たとえば英語のなかには見出せない。呼びかけの「すみません」は「Excuse me」などに、感謝の「すみません」は「Thank you」などに、謝罪の「すみません」は「Excuse me」、「I'm sorry」、「I apologize」等々の言葉に訳し分ける必要がある。こうした翻訳の難しさは、「すみません」を一義的にapology（謝罪）の言葉としてのみ捉え、「日本人はなんでもすぐに謝る」と理解することの誤りを端的に示している。

†「I'm sorry」と「I regret...」の意味の曖昧さ

また、謝罪に関連する言葉を他言語に翻訳することの難しさは、英語から日本語への翻訳に関しても指摘できる。

図2／「I'm sorry」および「I regret...」の両義的な意味

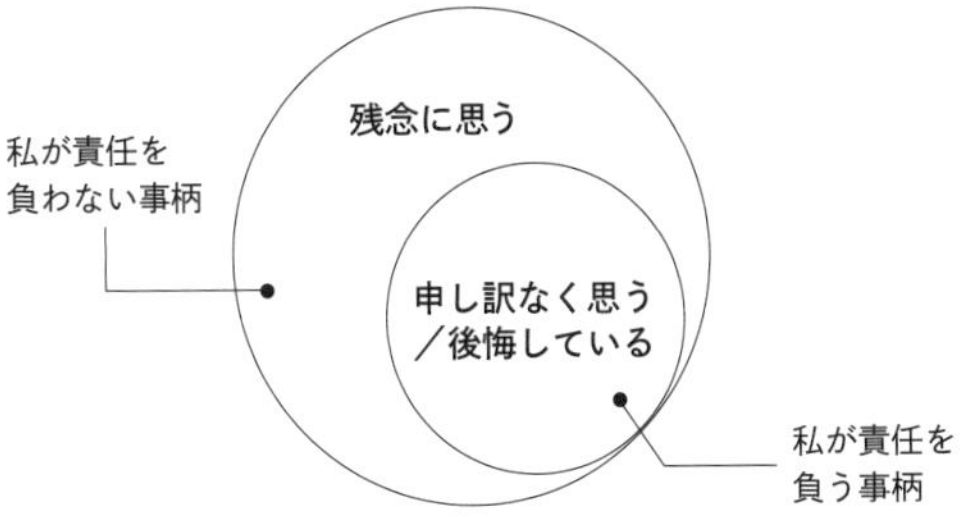

たとえば、本書ですでに取り上げた例だが、「I'm sorry」という言葉は、⑴残念に思うという自分の気持ちを表す場合にも、⑵謝罪をする場合にも用いられる（20頁参照）。また、謝罪をする際に人はしばしば後悔の念を相手に示すが、英語の「I regret...」という表現は、⑴残念に思う心境を表す用法のほかに、⑵日本語の「私は後悔しています」という表現にあたる用法もある。

一般に、ある出来事に関して自分の行いを後悔し、罪悪感を覚え、謝罪をすることは、自分の責任を認めることを含み、それはまた、自分が償いをすることへとしばしば結びつく。他方、残念に思うことは、それだけでは、自分が責任を負うことを伴うわけではない。（なお、ここでは、「責任」という概念を不明瞭なままラフに使用していることに注意してほしい。この概念については後の第2章第1節において、もう少し詳しい分析が加えられる。）

そして、英語で「I'm sorry for what happened」とか「I regret what happened」などと言う場合には、起こった

出来事の責任を自分に帰属させるかどうかについて曖昧さが生じうるし、また、申し訳なく思っているとも残念に思っているとも言いがたい両義的な心境の表現ともなりうる。そうであるがゆえに、人はときにこの曖昧さを利用し、「I'm sorry」や「I regret....」と言うことで自分の責任を回避しようともする。たとえば哲学者のニック・スミスによれば、これらの言葉の使用は「謝罪における因果関係の役割が明確でないため、さまざまな種類の混同やごまかしの可能性を生んでいる」(Smith 2008: 35)。他方、日本語には同様の両義的で曖昧な表現は見当たらない。

†「申し訳ありません」、「ごめんなさい」、「おわびします」の簡単な分析

日本語であれ、英語であれ、あるいは中国語やフランス語等々であれ、それぞれの言語において謝罪の場面で長く用いられてきた言葉には、それぞれの言語が根を張ってきた文化圏の特徴、そして、その推移ないし変化が多かれ少なかれ反映されている。

日本語の「すみません」という言葉の特色についてはこれまで見てきた通りだが、たとえば「**申し訳ありません**」という言葉にも、その原義を背景にした独特な奥行きを見て取ることができる。「申し訳」とは「言い訳。弁解。言い開き。申し開き」のことであり(『日本国語大辞典』第二版)、「申し訳ありません」という言葉は元来、読んで字のごとく、言い

訳できない、申し開きできない、弁解の余地がない、という意味だ。そこから、謝罪の場面をはじめとする広範なケースで、相手に対して済まないという思いを伝える言葉にもなっている。すなわち、謝意――つまり、謝る気持ち、または、感謝の気持ち、あるいはまた、両者が綯《な》い交ぜになった気持ち――を伝える際に、「申し訳ありません」という言葉が広く使われているということだ。とはいえ、少なくとも現在、感謝の場面で「申し訳ありません」と発話される頻度は「すみません」に比べて低いし、レストランで店員さんに呼びかけるときなど、相手に対する借りや負い目の感覚が非常に弱いケースでは、「申し訳ありません」という言葉が使われることはまずない。その理由としては、「言い訳できない、申し開きできない、弁解の余地がない」という原義の重さが影響しているとも考えられるし、あるいは単純に、「申し訳ないです」等々よりも「すみません（すいません、サーセン）」の方が発音しやすい、ということもあるかもしれない。

「**ごめんなさい**」という言葉についてはどうだろうか。「ごめん（御免）」は、「許可」を意味する「免」に、尊敬を表す接頭語「御」の付いた語である。そして、「ごめん」にさらに命令形が付くことによって、相手に対して許可を求める、ことわりを入れる、呼びかける、そして、おわびするなどの意味などで、「ごめんください」、「ごめんなさい」といった語形が生じたという（『日本国語大辞典』第二版）。したがって、この原義からすれば、「ごめんなさい」は英語の「Excuse me」（あるいは、フランス語の「Excuse-moi」など）に近い

表3／現在の日本語における定型的な謝罪の言葉たち

すみません （すいません、サーセン）	すまない＝自分の気持ちが済まない、収まらない →相手への負担や借りを考慮し、相手に気遣ったり恐縮したりする思い（謝罪、感謝、呼びかけ）全般の表現になりうる。
申し訳ありません （申し訳ございません、申し訳ないです）	言い訳できない、申し開きできない、弁解の余地がない →「すみません」と同様、謝意（＝謝罪 or 感謝）全般の表現になりうるが、感謝の意味で用いられる頻度は「すみません」より低い。また、呼びかけにはまず用いられない。
ごめんなさい （ごめんください）	許可をください、赦してください →呼びかけ、感謝、謝罪のいずれにも用いられるが、呼びかけと感謝に用いられる頻度は「すみません」よりも低い。
おわびします	わびる＝気落ちする、心細く思う、おちぶれた生活を送る、等 →一方では「閑寂を楽しむ」といった意味を有し（＝侘びる）、他方では、「困って嘆願する」、「困惑した様子をして過失などの赦しを求める」といった意味を有する（＝詫びる）。

言葉だと言える。実際、「Excuse me」も、店員さんに呼びかけるとき、人混みをかき分けるとき、〈軽い謝罪〉をするときなど、多様な場面で用いられる言葉である。ただし、感謝を伝える際にはまず用いられないし、〈重い謝罪〉をする際にもあまり用いられない。

他方、「ごめんなさい」は、「すみません」や「申し訳ありません」と同様、席を譲られた際などに謝意を伝える用法を有するし、また、〈重い謝罪〉をする際にも用いられる。

最後に、プロローグでも取り上げた「**おわびします**（わびる）」という言葉（5頁参照）についても簡単に振り返っておこう。まず、「わびる」という言葉が備える意味のうち、「気力を失って、がっくりする。気落ちする」、「思うようにならないでうらめしく思う」、「心細く思う」、「おちぶれた生活を送る。みすぼらしいさまになる」といった元来の意味からは、一方では、いつの頃からか、「世俗から遠ざかって、とぼしい中で閑静な暮らしに親しむ。閑寂を楽しむ」というポジティブな意味も派生するようになった。いわゆる「わび・さび」の「わび」である。また、他方では、「困りぬいて頼み込む。困って嘆願する」という意味、さらに、「困惑した様子をして過失などの赦しを求める」という意味も派生し、謝罪の意を表する文脈でも使用されるようになった。そして、「気落ちする」等々の原義や「閑寂を楽しむ」意味での「わびる」には「侘びる」という風に漢字があてられ、謝罪などの意味での「わびる」には「詫びる」という風に漢字があてられるのが、いまは一般的である。

現在の日本語における定型的な謝罪の言葉としては、「失礼しました」など、ほかにいくつも挙げられるが、この辺りで切り上げておこう。

†さらなる個別的な探究へ

以上の簡易的な分析の結果は、次のようにまとめられる。

(1)「I regret...」や「I'm sorry」という英語表現は、残念に思うことを意味する場合もあれば、後悔して申し訳なく思うことを意味する場合もある。また、どちらとも言いがたい両義的で曖昧な心境の表現ともなりうる。そして、この特徴はときに、責任の所在を意図的に曖昧にした物言いをすることにも利用される。

(2)「すみません」を筆頭に、「申し訳ありません」や「ごめんなさい」という日本語表現は、呼びかけや感謝から、〈軽い謝罪〉および〈重い謝罪〉に至るまで、きわめて幅広い場面で用いられる。他方、「おわびします」という言葉は、謝罪するとき以外にはまず用いられない。

異なる言語の間で謝罪にまつわる言葉を比較したとき、相対的に類似性の高い言葉を見出すことはできるが(「ごめんなさい」と「Excuse me」など)、完全に一対一対応する言葉を見出すことは困難だ。その要因や意味を探るには、哲学や言語学のほか、人類学や心理学などに属する探究にも分け入る必要がある。

たとえば、いま確認したように、日本語には感謝と謝罪の双方を意味しうる言葉がいくつも存在する。この特徴は以前から海外の研究者も着目するところであり、古典的には、文化人類学者ルース・ベネディクトが『菊と刀』で示した解釈がよく知られている。彼女によれば、日本人は伝統的に義理や恩義といったものを一種の負債として捉える傾向にあり、負債を返し切ることができないという負い目や負担の感覚が「すみません」という言葉に表れているのだという(Benedict 1946: Chap. 5)。この解釈は、先述の和辻哲郎による「済まない」の分析と共通したものだと言えるだろう。[10]

また、国内でも、たとえば精神分析学者の土居健郎は『「甘え」の構造』において、べネディクトの議論を批判的に検討しつつ、次のように主張している。

……問題は、なぜ日本人が親切の行為に対し単純に感謝するのでは足れりとせず、相手の迷惑を想像して詫びねばならぬかということである。それは詫びないと、相手が非礼と取って、その結果相手の好意を失いはしないかと恐れるためといえないだろうか。すなわち相手の好意を失いたくないので、そして今後も末永く甘えさせてほしいと思うので、日本人は「すまない」という言葉を頻発すると考えることができるのである。（土居［一九七二］二〇〇七：50）

こうしたベネディクトや土居の議論には批判も多いが[11]、日本語文化圏における「感謝」概念と「謝罪」概念の近さという問題に関する、それなりに興味深い視角を提供しているとは言えるだろう。それから、この問題に関しては言語学や社会心理学上の研究もきわめて充実しており、その成果は枚挙にいとまがない[12]。

†異文化間で謝罪にまつわる言葉を比較することの、実践的な重要性

謝罪と感謝（および、呼びかけなど）が重なり合う領域をどう捉えるべきかについては、

ベネディクトや土居の議論の正否も含めて、本書ではこれ以上立ち入らない。また、異なる文化（あるいは言語）の間で謝罪にまつわる言葉を比較することについても、これ以上の詳細は個別の専門的な研究に委ねることにしたい。

ただ、実践的な問題として、以下の点はここで強調しておきたい。すなわち、謝罪にまつわる言葉をめぐって文化間でどのような意味の違いが見られるかについて、人々が一定程度の知識をもっておくことは、文化の相違による誤解やすれ違いを防ぐために非常に重要だということである。

たとえば、日本で生活を始めようとする外国人の日本語学習に資するために、文化庁が二〇〇九年に作成した『日本語学習・生活ハンドブック』（韓国・朝鮮語、中国語、ポルトガル語、スペイン語、英語の五か国語版）[13]では、文化による謝罪の意味の違いに関して次のように説明されている。

「日本人ってよく謝るけど、ことばだけで何もしてくれない。」

そんなコメントを日本で生活する外国人からよく聞きます。

各国に謝罪を示すことばがあります。しかし、謝罪の意味は同じではありません。

A文化では、謝罪をすることは自分の過失を認め、相手に補償をすることと考えます。

B文化では、責任をとるかは別問題だが、相手の気分を害していることを理解していることを示すことが謝罪の第一歩と考えます。日本はB文化です。「すみません」ということばは感謝にも謝罪にも使える不思議なことばです。翻訳するなら、「あなたに余計な気遣いをさせたことを私は理解しています」と考えるといいかもしれません。

この引用文中で〈A文化とB文化の違い〉として際立たせられているのは、〈謝罪することが、自分の過ちを認めて責任をとること、とりわけ、相手に何かしらの償いをすることをそのまま含意するか、それとも含意しないのか〉という違いである。そして、日本は後者の方の〈含意しない文化〉に属する、と説明されている。これと同様の説明は言語学者の林範彦も行っており、「欧米文化では謝罪が責任受容とセットであるのに対し、日本文化では謝罪はあくまでトラブル拡大の解消を目指した儀礼的側面が強く、責任受容と必ずしもセットとならない」（林 二〇一六：103）と指摘している。この点をめぐっては、後の第4章第3節で再び立ち返ることにしよう。

なお、先の『日本語学習・生活ハンドブック』からの引用の後半では、日本語に不慣れな人はさしあたり「すみません」という言葉を、「あなたに余計な気遣いをさせたこと（あるいは、あなたの気分を害していること）を私は理解しています」という意味で捉えておくことを勧めている。もちろん、本節で見てきた通り、「すみません」が〈重い謝罪〉のために用いられ、責任の受容を含意する場合も多々ある。だが、「すみません」の多義性に鑑みれば、非日本語ネイティブが日本語や日本の文化に馴染もうとする最初期の段階では、確かにそう理解しておいた方が、深刻な誤解につながる余地は少ないかもしれない。

また逆に、日本語のネイティブが安易に「すみません」と「sorry」を一対一対応する言葉として捉え、アメリカやイギリスなどにおけるコミュニケーションの場で「sorry」という言葉を連発するならば、それこそ「日本人はなんでもすぐに謝る（そして、そのくせに言葉だけで何もしてくれない）」という風に受けとめられかねない。「すみません」という言葉は英語に翻訳できないわけではないが、時と場合に応じて「Excuse me」や「Pardon」、「I'm sorry」、「I apologize」など、多様な言葉に訳し分ける必要があるということを理解しておくべきだ。そして、同様の注意は韓国・朝鮮語や中国語など他の諸言語・諸文化との関係においても重要となるだろう。

＊　＊　＊

このように、概念の探究は、個々の文化におけるその特殊性に向き合うことをほとんど不可避的に含んでおり、「謝罪」の探究もその例外ではない。そもそも「謝罪」という概念は、「責任」や「償い」、「約束」、「誠意」、「後悔」、「赦し」等々の諸概念との複雑な関係によって輪郭づけられるものであり、それぞれの概念の内実も、また、「謝罪」がどのような概念とどのように関係するかということも、文化によってさまざまに異なりうる。日本語文化圏において「謝罪」が「感謝」と深く結びつくという上記の事実は、この点を如実に示すものだ。

本書は以上の点に留意しつつ、これ以降は基本的に、謝罪の文化的特性に焦点を当てるというよりも、謝罪の一般的な特徴に対して主に目を向けることになる。より具体的には、〈重い謝罪〉とはどのようなものかという問いをめぐって、日本語圏にも他の文化圏にも当てはまるような、比較的一般性のある論点を探究していく。ただ、その過程でやはり、「すみません」や「I'm sorry」などの言葉がもつ多義的な特徴、あるいはその他の文化負荷的な諸特徴というものが、ときに頭をもたげてくることがあるだろう。

第2章

〈重い謝罪〉の典型的な役割を分析する

第1節

責任、償い、人間関係の修復
――「花瓶事例」をめぐって

†「花瓶事例」から見えてくる〈重い謝罪〉の特徴

本章の主題となる〈重い謝罪〉について、前章で確認した事柄をまず振り返っておこう。〈重い謝罪〉とは、相手が被《こうむ》った損害が比較的重大なものである場合などに行うべき謝罪であり、「すみません」や「おわびします」などと言ったり頭を下げたりするだけでは成立しない。言い換えれば、こういうときには自分も相手も普通こう振る舞う、という儀礼的な所作だけでは完了しない。そして、謝罪の誠実さというものが、この種の謝罪においては基本的に重要となる。

では、具体的にはどういう場合に、我々は〈重い謝罪〉をすべきなのだろうか。前章では、電車のなかで他人の足に怪我をさせてしまうケース（37―38頁）も取り上げたが、ここではまず、18頁のケースをアレンジしつつ、これを「花瓶事例」と呼んで本格的に検討することにしよう。

【花瓶事例】会社員のA氏は、休日に上司のB氏の自宅に招かれた。リビングで和やかに過ごしていたが、A氏が途中で席を立ったとき、テーブルの上の花瓶に肘を当ててしまった。花瓶は倒れてテーブルから落ち、粉々に割れた。また、花瓶には花が生けてあったので、床は水浸しになった。A氏は慌てて「すみません!」と言い、「片づけます」と申し出るが、B氏は、構わないから座っていなさいと制止し、自分で片づけを始めた。その後もA氏は恐縮し続け、弁償すると申し出るが、B氏は微笑みながら、弁償するには及ばないと返答した。

先にも確認したが、これが「すみません」と言うだけでは済まないケースであることは明らかだ。仮にこのA氏が、「すみません」という言葉をふざけた調子で言うのであれば、その言葉は謝罪とは受け取られないだろう。また、彼が「すみません」と言った後に、相手を気遣って何かをしようとする素振りを全く見せないのであれば、やはり、謝罪として成立するとは言えないだろう。

この事例を通して浮かび上がってくる、A氏からB氏への〈重い謝罪〉の前提と内実は次のようなものだ。

【前提】B氏が被った重大な損害は、A氏の行為によって引き起こされた。

【内実①】A氏は、右の前提が事実であること、また、自分のその行為が正当化できないものであり、後悔や罪悪感を抱いていること、その行為の結果に関して自分に責任があることを認め、B氏に対してその認識を表明する。

【内実②】A氏は、右の認識に基づいて、B氏の損害に応じた責任をとる意志を示す。

花瓶事例に即して言うならば、まずB氏の花瓶が割れ、床が水浸しになったという損害の原因が、肘を花瓶に当てるというA氏の行為にあること――この事実が、謝罪の前提になっている。

そして、A氏はすぐに慌てた様子で「すみません！」と言うことによって、B氏に対してこの事実を認め、かつ、自分の当該の行為がまさに過失であったこと、および、当該の行為の結果に関して自分に責任があることを認めている。すなわち、正当化できない行為を不注意でしてしまったという認識を表明する行為になっている。（＝謝罪の内実①）

そして、この認識は自然と、その責任をとる意志を示すことに直結している。具体的には、A氏はたんに適切なタイミングと言い方で「すみません」という言葉を発しただけではなく、その後に、花瓶や床の片づけを手伝おうとしたり、花瓶を弁償することを申し出たりしている。それは、自分が引き起こした損害に対応する何らかの償い――埋め合わせ、補償、弁償、贖《あがな》い、罪滅ぼし――の意志を示すというかたちで、責任をとる意志を示すことだと言える。（＝謝罪の内実②）

†「責任」とはどのような概念なのか

いま、「責任がある」とか「責任をとる」といった概念が頻出してきたところで、話を先に進める前に、これらの概念について一度整理する必要があるだろう。

一般に、「**責任**」とは、(a)自分が引き受けて行わなければならない義務や、義務とまでは言えない任務。あるいは、(b)自分がかかわった事柄や行為が特に悪い結果を招いたときに負う義務や償いを指す（『大辞林』第四版、『日本国語大辞典』第二版）。

以下本書では、法哲学者H・L・A・ハートによる用語法（Hart 1968: 211ff）に倣って、(a)の種類の責任を「**役割責任**（role-responsibility）」、(b)の種類の責任を「**因果責任**（causal-responsibility）」と呼ぶことにしよう。[14]

この一般的な分類に従うならば、「**責任がある**」とは、たとえば「私には教師として生徒を守る責任がある」のように、前者の役割責任の存在を主張する意味と、それから、たとえば「私にはこの事故の責任がある」のように、後者の因果責任の存在を主張する意味

表４／「責任」概念の簡潔な整理

責任	
(a) 役割責任	(b) 因果責任
自分が引き受けなければならない義務や任務	自分がかかわった事柄や行為が特に悪い結果を招いたときに負うもの（償うべきものなど）
「責任がある」：役割責任あるいは因果責任が存在する	
「責任を負う」「責任をもつ」：役割責任あるいは因果責任が存在する、または、これらの責任を実行（履行）する	
「責任をとる」：因果責任の内容や程度に応じて償いを実行する	
「責任を果たす」：役割責任にまつわる任務を実行したり義務を履行したりする	

がある。

また、「**責任を負う**」とか「**責任をもつ**」とは、役割責任と因果責任のどちらが存在する場合にも、また、どちらを実行（履行）する場合にも用いられるが、「**責任をとる**」という表現は、因果責任にまつわる償いを実行することや、更生を約束することなどを指す場合が大半だ。逆に、役割責任にまつわる任務を実行したり義務を履行したりすることを指す場合が多い言葉としては、「**責任を果たす**」が挙げられる。つまり、たとえば「事故の責任をとる」という場合には、普通は何らかの償いをすることなどを意味するだろうし、「教師としての責任を果たす」という場合には、教師という持ち場に立つ者が引き受けるべき任務を実行することなどを、普通は意味するだろう。

†因果責任と役割責任の関連性

さて、責任概念をめぐる以上の簡潔な整理を踏まえて、〈重い謝罪〉の特徴づけに戻ろう。

この種の謝罪の内実として先に取り出したのは、①A氏がB氏に対して、自分の間違った行為によって比較的重大な損害がB氏にもたらされた（＝自分に因果責任がある）という認識を表明し、かつ、②その認識に基づいて、損害に応じた責任をとる（＝因果責任として負う償いを実行する）ということである。

だとすれば、〈重い謝罪〉を行う際には、役割責任は無関係ということになるのだろうか。いや、そうではない。たとえば花瓶事例のA氏は、花瓶を割ってしまう前も後も一貫して、上司の自宅に招かれた客としての最低限の役割責任を果たしている。すなわち、〈相手を気遣った丁寧な態度や言葉遣いを保つべし〉という義務ないし任務を履行している。

また、A氏は花瓶を割ってしまうことによって、〈他人の家では、その家の物を傷つけたり壊したりしないように注意して行動するべし〉という、客だけではなく社会生活を営む市民一般に広く求められる役割責任をそのときは果たせなかった。ただ、すぐに謝罪したし、相手も、花瓶を弁償するには及ばないと笑って済ませている。このことから、A氏は相手からの信頼を維持ないし回復することができたと言えるだろう。すなわち、いまのはたまたまの不注意によるものであり、自分は本来は人の物を粗雑に扱うような無神経でがさつな人間ではないということ――次はちゃんと当該の役割責任を果たせるということ――を、相手に分かってもらったと言えるだろう。前章で扱った和辻の言い方を再び借りるならば、A氏は謝罪を通して、社会生活を営む市民としての持ち場を保ったのであり、その持ち場に求められる種々の役割責任を負う資格を維持したのである。

このように見てくると、役割責任と因果責任はそれぞれ全く別の場面で適用されるものというよりも、しばしば深く関連し合うものであることが分かる。実際、いまの花瓶事例においてA氏は、花瓶を割ってしまうことによって、社会生活を営む市民一般に広く求められる役割責任を果たせなかったことを意味するような因果責任を負った。また、その後にA氏は、謝罪によって因果責任をとることを通じて、役割責任を果たしている(あるいは、役割責任を負える持ち場を保っている、持ち場を回復している)ということを確認できるだろう。

†謝罪のパラドックス?――償いと、その不可能性、あるいは完遂不可能性

花瓶事例に絡んでもうひとつ、掘り下げるべき重要な点がある。それは、償い(埋め合わせ、補償、弁償、贖い、罪滅ぼし)をするとは何をすることなのか、ということだ。

ひとの花瓶を落として割り、床を水浸しにしてしまった。このときA氏は、花瓶の破片を取り除いたり水を拭いたりして床を原状復帰させることや、花瓶を弁償すること――同

じ花瓶を買ってきて渡すこと、あるいは、花瓶の値段と同額のお金を渡すこと——を意志している。これらは、さしあたり、自分がもたらした損害を文字通りの意味で償うこと、すなわち、埋め合わせることを意志していると言える。

しかし、そうした文字通りの意味での「埋め合わせ」が完全に可能であるような損害は、実際のところそれほど多くはない。たとえば、粉々に割れてしまったその花瓶が高価な一点物だったとしたらどうだろうか。また、高価でなくとも、親の形見だったり、B氏の子どもが自分の小遣いで買ってプレゼントしてくれたものだったりしたらどうだろうか。あるいはまた、そうした特別な価値や思い入れが特になくとも、日常で長く使ってきたために、その花瓶に対してB氏が愛着をもっている、ということも十分にありうる。いずれの場合においても、代わりの花瓶やお金を渡すことによって花瓶の損失を完全に埋め合わせることは不可能だ。

この点を、社会学者のニコラス・タヴチズは一種のパラドックスとして捉えている(Tavuchis 1991: 5; 川崎 二〇一九：39)。もしも、謝罪という行為の目的が、自分がもたらした損害を埋め合わせることに尽きるとするならば、その目的ははじめから失敗を運命づけられている。なぜなら、たとえば誰かの形見の品をなくしてしまったとか、秘密を暴露してしまったとか、人を殺してしまったといった場合だけでなく、他の多くの事柄についても、「すでに行われたことを元に戻す（*undo*）ことなどできない」（Tavuchis 1991: 5）からだ。

覆水は盆に返らない。そうであるならば、謝罪とは、することがそもそも不可能なことをする行為だということにならないか。――これが、タヴチズが謝罪という行為に見て取っているパラドックスである。

もっとも、このパラドックスは、謝罪することと埋め合わせをすることを同一視するような、謝罪に対する極端な見方によって生じるに過ぎない。タヴチズ自身も、このパラドックスの提示を通じて、むしろ、謝罪に対する別の見方への注意を促している。彼によれば、謝罪には「加害者も被害者も変えることのできないもの、すでに完了していて覆せないものを、思い出させる（説明する）」(ibid.: 6) という側面があり、この側面もきわめて重要だというのである。

自分が相手に与えてしまった損害を元通りにすることができるケースは少ない。どんな仕方で償っても完全には済まない――償いは完遂できない――のだ。言い換えれば、多くのケースで償いとは不完全な修復を意味せざるをえないということである。謝罪という行為を通して我々は、この点を確認（想起、説明）してもいるのである。

†「おわびの印」「誠意の証」としての償い

謝罪とは文字通りの意味での「償い」ないし「埋め合わせ」とイコールではない、ということを、いま、償いの（完遂）不可能性という観点から確認したが、このことは別の観点からも指摘できる。

たとえば、A氏が花瓶を床に落として割ってしまった後、てきぱきと片づけを済ませて、床をきれいに元通りにしたとしよう。さらに、花瓶は幸いB氏にとって何の思い入れもない大量生産の安物だったので、A氏は同じ物を買ってきてB氏に渡したとしよう。

しかし、この一連の「償い」の行為を、A氏が終始ふてくされた調子で実践したとすればどうだろうか。「すみません」も言わず、頭も下げず、見るからに不機嫌な顔で掃除をし、花瓶を渡して「これでいいでしょう」と言い捨てたり、金銭を渡して「結局は金目《かねめ》でしょう」と言い放ったりしたとすればどうだろうか。つまり、たとえ物理的な損害に関しては完全に埋め合わせができたとしても、それだけでは明らかに謝罪にはならないのだ。

あくまでも謝罪の一環として「償い」ないし「埋め合わせ」がなされる場合には、それはまさしくおわびの印としての性格を必ず備えている。言い換えれば、たんに何かに損害が生じたからそれを修繕したり代替物を用意したりする、というのではなく、あくまでも自分がその損害をもたらしてしまったという反省や罪悪感などが先にあって、それゆえに償いをする、ということである。謝罪抜きに物品や金銭などを補償することはできるが、謝罪の一環として補償する場合には、その意味が根本的に異なってくる。〈重い謝罪〉には基本的に誠意が求められる以上、償いさえすれば謝ったことになるわけではない。その意味で、償いは謝罪の目的であるだけではなく、手段でもある。すなわち、謝罪が真摯なものであることを示すための手段でもあるのだ。

たとえば、花瓶事例においてA氏は、相手に損害を与えた自分の行為は間違っていたと後悔している。しかもそれは、「やり方がまずかった。もっと上手く相手に大損害を与えることができたのに」という類いの後悔ではない。そうではなく、自分は罪悪を犯した、相手に悪いことをした、という罪悪感込みで、自分の行為を悔いているのである。そして、A氏はたんにそのように悔いているというだけではなく、相手に負い目を感じ、相手を気遣い、相手のためにできることをしようとしている。すなわち、自分の責任を痛感し、その責任をとろうとしている。そうした思いは、思うだけでは相手に伝わらないし、たんに「すみません」などと言うだけでは、本当にそうした誠意をA氏がもっているかどうか相手には分からない。だからこそ、人はしばしば、償いの意志を相手に示すこと――または、実際に償うこと――を通じて、自分の誠意の証《あかし》とするのである。

こうした「誠意の証」または「おわびの印」は、前章の電車事例のような〈軽い謝罪〉のケースではまず必要とされない。足を軽く踏まれ、「すみません」と声をかけられた方は、普通、その謝罪が真摯なものかどうかを気にかけはしないし、それゆえ、その誠意の証を求めたりもしない。むしろ、そこでたとえば靴のクリーニングを申し出られたりなどしたら、面倒に思うか、あるいは気味悪く感じたりするだろう。つまり、一方が「すみません」

と言い、もう一方が会釈などを返すといった、儀礼的ないし表面的なやりとりだけで済ませることを、被害者の側も望んでいるということだ。

†真摯な謝罪による、精神的な損害の修復の可能性

では、そもそもなぜ、〈重い謝罪〉に関しては誠意というものがしばしば求められるのだろうか。はじめに見通しだけ述べるならば、この問題は、謝罪とは何かを探究するうえで最も重要な鍵のひとつとなるだろう。本書では今後、いくつかの角度からこの問題に切り込んでいくが、現時点ではさしあたり、「損害」や「償い」という概念の枠内で検討することにしよう。

A氏の行為によってB氏が損害を被る、というとき、その「損害」とは物理的なものに限られるわけではない。A氏が花瓶を落として割り、床が水浸しになったとき、B氏は多少なりとも気分を害されただろう。その不愉快な気持ちは、花瓶に思い入れがあるほど強くなるだろうし、思い入れが深ければ深いほど——たとえば、その花瓶が誰かからのプレゼントや、誰かの形見であった場合などには——悲しみの感情も生まれ、強まるだろう。

そのように、気持ちの部分で害され、傷つき、損なわれたものは、加害者の態度によって癒されることもあれば、より悪化することもある。先にも触れたように、たとえばA氏

表5／誰かの行為によって被る「損害」概念の整理

	物理的な損害	精神的な損害
内容	自分の所有物・大事なもの・身体などが傷ついたり、壊れたり、汚れたりなどすること	苛立ち、怒り、悲しみ、苦痛、恐怖心、不安、不信、喪失感など
修復方法	修理、清掃、現物による補償、金銭による補償など	加害者当人による真摯な謝罪、第三者による慰め・宥め・カウンセリング、時間の経過、補償など

が花瓶を割った後も平然としていたり、終始ふてくされた態度をとっているとするなら、たとえ床をきれいに掃除して花瓶を弁償したとしても、B氏の気持ちは収まるどころか、むしろ怒りが増すことだろう。逆に、A氏がずっと神妙な面持《おもも》ちで何度も頭を下げつつ、床の片づけに関して何か手伝えることはないかと探り続けたり、花瓶の弁償を申し出たりするとしよう。この場合には、多少なりともB氏の気持ちは収まることだろう。

十分な謝罪がなされることによって被害者の気持ちが収まる理由は色々と考えられる。加害者のうなだれた様子に接して、処罰感情が満たされるからかもしれない。あるいは、加害者がそこまで恐縮するのは気の毒だ、かえって相手に悪い、申し訳ない、などと感じるからかもしれない（その点で、被害者が想定していた以上の丁重な謝罪の姿勢を示すことは、戦略《ストラテジー》として見るならば、しばしば有効だとも指摘できる）。あるいはまた、加害者も事態を重く受けとめているのを確認できたことで、自分が苛立ちや怒りなどを感じるのはもっともだと確認できた、自分の気持ちを肯定できた、と思えるからかもしれない。理由はほかにも色々と考えられるだろう。この点については、次の第2節であらためて主題的に取り上げることにしよう。いまの段階で明確に言えることは、誠意ある真摯な謝罪によって、被害者が被った精神面での損害が（たとえ不完全なものだとしても）修復されうるという事実それ自体である。

さらに言えば、真摯な謝罪がなければ被害者の気持ちはなかなか収まらず、むしろより害され、傷つくということに鑑みると、精神的な損害の修復のためにはその種の謝罪がきわめて重要な位置を占めるということも、ここで確認できる。もちろん、加害者ではない第三者によって慰められたり宥《なだ》められたり、あるいはカウンセリングを受けたりすることによって、被害者の気持ちが収まる場合もあるだろう。時間の経過とともに苛立ちや怒りが薄らいでいく場合もあるだろう。しかし、加害者当人による真摯な謝罪が多くの場合非常に効果的であるのは間違いない。

†〈重い謝罪〉の一部に当てはまる必要条件

タヴチズは、謝罪が謝罪として成立するための必要条件を次のように整理している。

最低限、謝罪には次の事柄が含意される。すなわち、自分が違反したルールの正当性を認めること。その違反の原因が自分にあり、自分に責任があると認めること。自分が損害を与えたことについての真正の後悔と自責の念を表現すること。(Tavuchis 1991: 3)

これが、〈軽い謝罪〉も含めた謝罪全般に当てはまる必要条件ではないということは言うまでもない。また、ここで挙げられている諸条件がすべての〈重い謝罪〉に適用できるわけでもない(この点については後の第3章で詳述する)。

とはいえ、少なくとも花瓶事例においては、A氏の謝罪が誠意あるものとして成立したときにはこれらの条件が軒並み満たされていると言える。まずA氏は、(1)花瓶を割ってしまうという事故の以前も以後も、〈他人の家では、その家の物を傷つけたり壊したりしないように注意して行動するべし〉という、幼い子どもでもなければ皆が普通は受け入れている暗黙のルールないしマナーを、一貫して正しいと認めている。そして、(2)ほかならぬ自分が不注意でそのルールを破り、他人の物を汚したり壊したりしてしまったこと、それゆえ、(3)その事故の責任が自分にあることを認め、(4)自分の行いを後悔して、罪悪感を抱いている。――そして、A氏が確かにこうした思いでいることは、花瓶を割った直後の「すみません!」という発話や頭を下げるといった身振り、そして、償いを申し出たり実践したりする一連の行動の全体において表現されている。あるいは、より注意深く言うならば、A氏が本当にそうやって反省しているかどうかはともかくとして、A氏の言動からB氏がそう判断しているのである。

†「人間関係の修復」という謝罪の機能

ここまで、花瓶事例を検討することを通じて、〈重い謝罪〉を特徴づけるいくつかの典型的な要素を取り出してきた。すなわち、後悔の念、罪悪感の認識、責任の受容、それらの表現としての償いといったものである。

本節の最後に、花瓶事例において浮かび上がるもうひとつのポイントを確認しておきたい。先に、A氏は真摯な謝罪によってB氏からの信頼を維持ないし回復できた、と述べた。その意味では謝罪は、被害者の精神的な損害を修復するだけではなく、加害者と被害者の間の人間関係を修復ないしメンテナンスする、という機能も果たしうると言える。

〈軽い謝罪〉に関しても、これと同様の機能を見て取ることができる。たとえば、電車のなかで他の乗客から軽く足を踏まれた人は、多少なりとも嫌な気分になったり不安を感じたりするだろう。そして、その害された気分は、相手が「すみません」という言葉をかけたり頭を下げたりすることによって和らぐだろう。そして同時に、近接した状態でともに過ごす乗客としての相手への信頼が、維持ないし回復されるだろう。

ただし、違いもある。後者の電車事例では、生じた物理的・精神的な損害は「被害」とは呼びがたいほどに軽微なものだ。加えて、たまたま同じ電車に乗り合わせた客同士という間柄は、「人間関係」と呼ぶのがそぐわないほど希薄な、短期間の関係に過ぎない。それゆえ足を踏まれた方は、相手が謝罪しなかった場合、「無礼な人だ」と感じ、より気分を害されるだろうが、その程度といえばその程度だ。しばらく時間が経ち、どちらかが電車を降りるなどした後には、嫌な気分も次第に晴れるだろう。

他方、花瓶事例のような会社の同僚という関係や、家族、友人、恋人といった、長期間続く密接な関係の場合には、そうはいかない。相手に対する憤りや不信などは、後々まで互いに対する悪影響を与え続けることになる。だからこそ、こうした深い間柄においては、謝罪が果たしうる〈人間関係の修復〉という機能が重要性を増すのである。

では、そうではない場合はどうだろうか。つまり、既存の持続的な人間関係の修復というものが意味や重要性をもたず、しかも、被害者の被った損害が重大であるようなケースにおいて、謝罪はどのような意味をもちうるのだろうか。次節ではこの点を考えていくことにしよう。

第２節

被害者の精神的な損害の修復――「強盗事例」をめぐって①

†被害者の恐怖や不安や不信を和らげる一契機としての謝罪

本節で取り上げるのは次のようなケースである。

【強盗事例】Ｃ氏はある日の晩、全く面識のないＤ氏の自宅に押し入った。バールのようなものでＤ氏を殴り、傷を負わせてロープで縛り上げたうえで、家中の金品を奪って逃走した。数日後、Ｃ氏は警察に捕まった。それから一年経ち、起訴されたＣ氏は公判のなかで強盗致傷の公訴事実を認め、「申し訳ありませんでした」と述べて、深々と頭を下げた。

この強盗致傷事件が起こった後、Ｃ氏とＤ氏の間には加害者と被害者という関係性が生まれているが、それ以前は何の人間関係も存在しなかった。したがって、既存の持続的な人間関係の修復という観点は、この事例に関しては意味を成さない。

では、この事例において謝罪はどのような機能を担っているのだろうか。先ほど確認したのは、加害者からの真摯な謝罪によって、被害者が被った精神面での損害が多少なりとも修復されうる、という事実だ（67―69頁）。では、そもそもなぜ修復されうるのか。この問いについて、本節であらためて主題的に検討することにしよう。

さしあたりすぐに指摘できるのは、被害者が抱く、再び同様の目に遭うのではないかという類いの不安や恐怖が、加害者からの謝罪によって和らぐことがありうる、ということだ。加害者が自分のしたことを本当に悔い改め、もう二度とこんな酷いことはしないと決意し、その思いを伝えてきたと確信できれば、(1) 少なくとも、再びこの人物から危害を加えられるかもしれないという被害者の具体的な懸念は後退するだろう。また、(2) 自分がこんな目に遭ったのは異常な事態であり、本来あるべきことではないということを確認することによって、（この人物自身からでなくとも）同じような被害を今後も受けるのではないかという漠然とした不安からも、ある程度は解放されるかもしれない。[15] さらに、(3) 被害に遭うことで――また、それがケアされないことで――広く社会に対して向けざるをえない不信に関しても、多少なりとも軽減する効果があるかもしれない。（そして、さらに付言するなら、直接の被害者でなくとも、その人とごく親しい関係にあったり、あるいは、たとえば「今回はたまたまその人が差別的言動の被害に遭ったが、自分だったとしても全くおかしくない」という思いを抱く人々——同様の差別を受けるマイノリティなど——も、被害者が適切な謝罪を受けることで、その種の不安や不信が軽減されるということがありうるだろう。）

もっとも、上述の強盗事例に関しては、C氏が刑務所を出た後にD氏の家に再び強盗に入る可能性は、D氏に恨みをもっているのでもなければ考えにくいから、(1)の効果はそれほど重要ではないだろう。その一方で、怨恨や歪んだ恋愛感情などによる付きまとい、嫌がらせ、傷害といった事件に関しては、加害者の心からの謝罪も、警察などの介入や周囲のサポートなどとともに、被害者が安心を得るための重要な契機となりうる。逆に言えば、たとえ加害者が謝罪を口にしたとしても、それがまさに口先だけのものに思えたならば、被害者の心が安らぐことはないということだ。要するに、「もう二度とこんなことはしません」という相手の約束を信用できるかどうかが肝心なのである。

†反応的態度

被害者の精神面の修復をめぐって、謝罪にはこれとは別の役割を見出すこともできる。鍵となるのは、哲学者のP・F・ストローソンによる議論である。[16]

ストローソンが着目するのは、どのような存在によって損害を被るかによって、それに対する我々人間の態度は根本的に異なる、という点だ。たとえば、我々は人によってだけではなく自然現象などによって物心両面で損害を被ることがある。大雪や大雨、大地震、津波、台風、落雷、火山噴火等々は、ときに我々の財産を損壊し、身体を害し、周囲の人の命を奪い、心を挫《くじ》く。しかし、このとき我々は、自然現象に対して怒りや憤りといった態度を向けることはない。もちろん、「雪なんて大嫌いだ!」とか「津波のばかやろう!」などと悪態をつくこともあるが、それは、人間に対する感情や態度とは根本的に異なるものであって、まさに遣り場のない苛立ちや嫌悪、不安、恐怖、悲しみ、無力感、打ちひしがれた心境といったものの吐露にほかならない。

他方、人間によって損害を被ったとき、我々はしばしばその人に対して苛立ちや嫌悪、不安、恐怖といった感情を抱くが、それだけではなく、さらに怒りや憤りといった感情を覚えることがある。とりわけ、先の強盗事例のように、自分に悪意を向けたり自分をないがしろにしたりする者に対して、我々は強い怒りを感じるだろう。ストローソンは、人間による悪意や無関心、軽視、軽蔑といった態度に対して向けられるこうした態度のことを、**反応的態度**(reactive attitude)と呼んで焦点を当てている(Strawson [1962] 2008)。[17]

反応的態度は、相手からのネガティブな態度に対するネガティブな反応のみに限られるわけではない。善意や愛情、尊敬といった態度を向けられたとき、我々は相手に感謝したり、好感をもったり、あるいは安心感を抱いたりもする。いずれにせよ、この反応的態度というものに関してストローソンがさしあたり指摘するのは、この種の態度は人間という存在に組み込まれたごく自然な反応であり、手放そうと思っても手放せるものではない、ということである。悪意を向けられれば気分を害し、善意を向けられれば感謝する、といったことは、さまざまな例外はあっても、我々人間の感情の基本的なあり方なのである。

……我々にとって、他の人間がこちらに向ける態度や意図は非常に大きな重みをもつ。そして、自分が当事者であるときの感情や反応は、相手の態度や意図をどう捉えるかによって相当な程度まで決まる。あるいは、相手の態度や意図と分かちがたく結びついている。(ibid.: 5/38)

†客観的対象への態度

そして、以上の点を踏まえてストローソンが注意を向けるもうひとつのポイントは、我々が相手に反応的態度を向けることに関してはさまざまな例外があるという点、そして、その例外とはどのようなものなのか、という点である。

我々は、誰かから損害を被ったとしても、その人に対して怒りをはじめとする反応的態度をとらないことがある。たとえば、自分が新築したばかりの家の壁紙に、二歳の幼児がクレヨンで何かを描いたとしよう。そのとき我々は、同様の行為を大人がした場合と同様の怒りを向けることを差し控えるだろう。

また、我々は、誰かに対して反応的態度をいったん示したとしても、それを引っ込めることがあるとストローソンは指摘する。たとえば、その人に重度の統合失調症などの精神障害（精神疾患）があることが分かったり、そのときにいわゆる心神喪失や心神耗《こう》弱の状態にあったことが判明したりした場合である。また、その人が極度のストレスに曝され続けて神経症を患っているとか、酷い虐待を受けるなどのきわめて劣悪な環境で育ってきた等々の背景を知ることによっても、「少なくともある程度は、当事者が普通もつ反応的態度から切り離して相手を見るようになりがちである」(ibid.: 10/47)。

他の人間から損害を被っても、相手に対して反応的態度を向けない（あるいは、反応的態度を弱める）とき、我々はその相手に対してときに嫌悪や不安、恐怖といった感情を覚えつつも、あくまで理性的に観察すべき対象――または、配慮や管理、監督、治療、矯正、訓練、しつけといった実践の対象――として扱うことになる。この種の態度をストローソンは、反応的態度と対比して、**客観的対象への態度**（objective attitude）と呼んでいる。すなわち、「神経症患者の衝動的な行動や、幼児の煩わしい行動に対しては、客観的対象への眼差しが向けられ、治療やしつけの観点から相手を見ることになる」(ibid.: 10/47-48)ということだ。もちろん、健常な精神状態の大人に対しても、我々はときにその種の態度

表６／ストローソンによる「反応的態度」と「客観的対象への態度」の対比

反応的態度（reactive attitude）	客観的対象への態度（objective attitude）
・他の人間による態度への反応として、我々が自然と向ける態度・感情。 悪意、無関心、軽視、軽蔑などに対する怒りや憤りなど。あるいは、善意や愛情、尊敬などに対する感謝や好感、安心感など。（そこには嫌悪や恐怖、不安といった感情も伴いうるが、それは客観的対象への態度にも当てはまる。）	・典型的には、幼児による行動や、重度の精神障害（精神疾患）がある人による衝動的な行動などをめぐって、相手を理知的に観察すべき対象――または、配慮や管理、監督、治療、矯正、訓練、しつけといった実践の対象――として扱う態度。嫌悪や恐怖、不安などの感情が伴うこともある。
・相手に対して反応的態度を向ける際には、その相手を、自分の行動やその結果に関して責任を負える存在として扱っている。	・相手に対して客観的対象への態度を向ける際には、その相手は自分の行動やその結果に関して十分に責任を負える状況になかったと見なしている。

を向けることはできるが、それはあくまでも例外的なものに留まる（ibid.: 10/48）。

いずれにせよ重要なのは、加害者に対して客観的対象への態度を向けるというのは、反応的態度を向ける場合とは対照的に、その加害者を免責することと軌を一にする、ということである。つまり、加害者は当時、自分の行動やその結果について十分に責任を負える状況になかった――あるいは、十分に責任を負う能力を欠いていた――と見なすことを、客観的対象への態度をとることは含んでいる。

したがって、たとえば幼児へのしつけは、「その子が、責任能力をもつ存在、客観的対象への態度とは異なる態度が向けられる対象として、徐々に立ち現れてくること」（ibid.: 20-21/67）を目的になされるものだと言えるし、また、大人の神経症患者への治療も、その人が再び責任能力をもつことを目的になされるものだとも言える。また、きわめて劣悪な環境で育った人や、あるいは、人質を取られて脅された人などが犯罪を犯した場合にも、その人だけの責めに帰すわけにはいかないと我々は見なすだろう。

†謝罪は反応的態度の緩和をもたらしうる

さて、反応的態度というものをめぐる以上のストローソンの議論から、謝罪による被害者の精神面の修復という論点に関して何が明確になるのだろうか。

先の強盗事例において、加害者のC氏は、被害者のD氏に対してはっきりとネガティブな態度を向けている。それは、D氏の財産を奪い、身体を傷つけてやろうという悪意とも受け取れるし、D氏を軽視する態度や、D氏に対する無関心とも受け取れる。いずれにせよ、それらのネガティブな態度に対する反応として、D氏は自ずとC氏に対して怒りや憤りを覚えることになる。被害者の精神的な損害には、強盗の被害に遭ったことそれ自体のショックや、加害者に対する恐怖、不安といった感情のほかに、そうした怒りや憤りの感情を抱えざるをえないということも含まれるのである。

加害者からの謝罪は、いま挙げたような反応的態度を静めるか、少なくとも和らげる効果をもちうる。というのも、周囲の第三者がただ宥《なだ》めるよりも、反応的態度を向けられた当人が恐れ入り、畏《かしこ》まる方が、被害者の怒りや憤りを和らげる効果を遥かに高く期待できるからだ。[18]

加えて、そのように謝罪することは、強盗というかたちで被害者に向けた悪意、軽視、無関心等々のネガティブな態度を改めることを意味する。そして、それができるのは加害者当人だけである。当たり前の話だが、加害者だけが被害者に対する以前の自身の態度を取り消したり上書きしたりすることができるし、また、そのことによって、以前とは異なる友好的な反応的態度――たとえば、赦すという態度――が相手から引き出されることもありうるのである。

ただ、もちろん、謝罪の仕方や相手の受け取り方によっては、こうした効果が発揮されないどころか、むしろ逆効果になることもある。たとえば、不誠実な謝罪によってまさに火に油を注ぎ、相手の態度をより硬化させてしまうことも少なくない。また、前章の電車事例のようなケースでは、他人の足を踏んでしまったときの謝り方によって、相手がはじめて反応的態度を向けることもあるだろう。すなわち、丁寧かつ簡潔な謝罪をすれば相手は好感をもちうるが、逆に、ふざけた調子で「サーセン」などと言ったり、そもそも謝罪自体をしなかったりすれば、相手のなかに怒りや憤りの感情が生まれてくるだろう。謝罪とは多くの場合、相手の反応的態度に対する応答としてなされる行為だが、謝罪それ自体が相手の反応的態度を誘う行為でもあるのだ。

†謝罪は被害者の尊厳や自尊心の回復をもたらしうる

さらに、いま紹介したストローソンの一連の議論に絡んで、もうひとつ重要なポイントを指摘できる。我々は、他の人間からネガティブな態度――とりわけ、無関心や軽視や軽蔑といった態度――を向けられたとき、怒りや憤りといった感情を抱くが、そうした反応的態度を相手に向けると同時に、あるいはその手前で、自分の尊厳（dignity）や自尊心（self-respect）などと呼びうるものを傷つけられている（Strawson [1962] 2008: 5/39）。

人をあなどり、軽んじ、ないがしろにし、その人の誇りや矜持を踏みにじること――真摯な謝罪は、そのような態度が誤りだったことを被害者に対して表明する行為にもなりうる。先の強盗事例においても、加害者が心から事態の重大さを認め、相手に後悔や反省の念を伝えて、償いの意志を示すことは、相手に深い関心を寄せ、相手を重んじ、敬意をもって遇するということを含む。この改心（改悛、悔悛）によって、相手の方も、自分がいま強い恐怖や不安や怒りなどに苛《さいな》まれ、惨《みじ》めな思いをしているのは当然のことだと、自分を卑下することなく肯定できる。咎《とが》められるべきはあくまでも加害者の方であって、自分が受けたのは酷く不当な扱いだということ、自分がこんな理不尽で惨めな目に遭う謂《い》われなどなかったということを、はっきりと確証できる。

この点がより明確にあらわれるのは、たとえば、いじめや差別などのケースだろう。謂われなき不当な暴力や差別的な暴言を浴びせかけられた被害者は、深く傷つき、不安や恐怖を覚えるだけでなく、しばしば自信や自尊心を喪失する。「いじめられる方にも原因がある」、「君が苛立たせるような態度をとるからだ」――その種の非難が加害者や第三者から向けられる場合があるだけではなく、被害者が自分自身を責めるようになる場合すらあるのだ。このとき、周囲が味方となってサポートすることも当然重要だが、加害者が謝罪を通して自分の非を認め、被害者に対して、あなたにはそんな扱いを受ける謂われなどなかった、あなたははじめから尊重されるべき存在だ、という新しいメッセージを伝える――そうして、自分が以前に発してしまった侮辱的なメッセージを否定すること――も、きわめて重要だ。自分が他者から尊重され、尊厳が承認され、自尊心を保てること、すなわち、自己の存在の価値を肯定できることは、人が生きていくうえでそれこそ命にかかわる意味をもつ。謝罪は、被害者のそうした矜持の回復にも貢献しうるのである。

ただし、謝罪がそうした効果をもちうるには、多くの場合、ある前提をクリアしていなければならない。それは、謝罪を受けること自体に被害者が自発的に同意している、という前提である。被害者は、怒りや恐怖などから、加害者ともう絶対にかかわり合いたくないと思っているかもしれない。そのような場合に、たとえば第三者が被害者に対し、謝罪の場に出て加害者と向き合うように促すとすれば、それは被害者をさらに傷つけ、追い詰めることになるだろう。逆に言えば、相手が謝罪することを被害者が自発的に許し、以前の侮辱的なメッセージを否定する新たなメッセージを受け取るというのは、最終的に被害者が相手を赦すか否かにかかわらず、それ自体として重要な意味をもつのである。（この点については、後でまた主題的に取り上げる。）

†「なぜ自分がこんな目に……」という問いに応答する責任

以上、真摯な謝罪が被害者の精神面の損害を修復する効果をもちうることを、(1)加害者（など）に対する恐怖や不安や不信の緩和、(2)加害者に向けられる怒りや憤りといった反応的態度の緩和、(3)被害者の尊厳や自尊心の回復、という三点に分けて確認した。ただ、謝罪が被害者のために果たしうる機能はこれらに限られるわけではない。

自然災害であれ、過失による事故や意図的な犯罪であれ、突然の災難に巻き込まれて重大な損害を被った当事者は、往々にして、なぜ自分がこんな目に遭わなければならないのかと問う。あるいは、自分自身でなくとも、たとえば犯罪によって大事な人の命を奪われた場合も、なぜその人が死ななければならなかったのかと問う。

こうした問いには、理不尽で惨めな目に遭ったことに傷つき、憤り、恐怖や不安を感じている心の状態があらわれ出ているとも言えるが、それだけではない。被害者は文字通り、ことの真相を知りたいとも強く思っているはずだ。とりわけ、誰かによる意図的な犯罪に巻き込まれた場合には、自分が（あるいは家族や恋人などが）狙われた理由を知りたい、犯行の動機を知りたい、事件の詳細を知りたいと願うのが当然だ。

　そして、このとき加害者はしばしば、謝罪を行うなかでこの切実な願いに応えることのできる特権的な立場に位置する。というのも、なぜその犯罪を計画したのかとか、なぜその被害者を狙ったのかといったことは、基本的に加害者当人こそが知っている情報だからだ。それゆえ、事件の後に加害者が何も語らずに死んでしまった場合には、動機などの事件の真相が永遠に分からなくなることも珍しくない。

　そして、加害者が被害者に対して真摯な謝罪を行おうとするのであれば、そこには多かれ少なかれ、相手の求めに応じて真相を開示する努力が含まれることになる。もしも、加害者が「すみません、すみません、……」と言葉を繰り返したり頭を下げ続けたりするだけで、被害者の聞きたいことについては全く答えずにだんまりを決め込むのだとすれば、相手に対してまさに誠意がないと判断されるだろう。そして、相手に対して果たすべき責任、自分がしてしまったことに応じて引き受けるべき責任を放棄している、と見なされるだろう。「責任」にあたる英語の言葉が、応答や説明の可能性ないし能力を原義とするresponsibility や accountability であることを思い出すまでもなく、自分が被害を与えた相手を気遣い、相手のために何かをしようとするのであれば、相手が知りたいと切に願うことに極力応答しようとする意志を人は働かせるはずである。

†事件の真相を知りたいという被害者の願いの内実

では、被害者の方は、犯行の動機や犯行計画の全貌、犯行の背景などを加害者から聞き出すことによって、何を望んでいるのだろうか。

たとえば、犯行の手口や防犯体制の穴といった情報は、今後自分や自分以外の人々が同様の被害に遭わないようにするための有益な手掛かりになる。だが、それだけではない。特に被害者自身は、わけも分からずに加害者に振り回され、酷い損害を被っているこの受動的な混乱状態や無力感から抜け出すことや、状況の全体を自分で理解するという意味で、自分で状況を掌握すること——総じて、状況に対する一定のコントロールを取り戻すこと——を願う。事件の真相を知りたいというのは、そうした願いでもあるのだ。

そして、この願いはなにも、加害者をそのまま免責する方向で理解しようとすることではない。確かに、事件の真相を知ることには、自分にも付け入られる隙があったと認めることや、加害者の個人的な事情（困窮していた、劣悪な環境に生まれ育った、等々）を理解することなどが含まれうる。そして、この種の理解は、加害者に対して一定の情状酌量の余地を与えることにもつながるだろう。しかし、だからといって、自分が被害を被ったのは至極もっともなことだ、相手が犯罪を犯したのも無理はない、という極端な結論が導かれることは少ない[19]。また、最終的に相手を赦すことがあるとしても、それは基本的に、犯行の背景に何があり、相手が犯行に際して具体的に何を考え、何をしたのかを知ったうえで、はじめて可能なことにほかならない。事件や加害者について何も知らずに相手を赦すことは困難だ。言い換えれば、真相を知ることは赦すことのひとつの前提を成すが、あくまでも前提でしかないということである。

†謝罪と赦し①――謝罪の許しと、謝罪による赦し

ここまで、謝罪という行為が被害者のために果たしうる機能を見てきたが、その過程で、「赦し」の問題が少しずつ顔を覗かせ始めた。

謝罪の定型句に「ごめんなさい」や「Excuse me（お赦しください）」という言葉が含まれることからも明らかなように、謝罪にはしばしば、相手に対して赦しを請う意図が込められている（あるいは、そのように相手に解釈される）。

被害者が加害者に対する一切のわだかまりを解消させ、事件や事故が起こる以前の人間関係に戻ること――あるいは、それ以前は何の人間関係もなかった場合に、元の無関係な状態に戻ることなど――は、言うまでもなく難しい。とはいえ、加害者をそれ以上咎めず、

に済ませる、という程度の意味で「赦し」というものをさしあたり捉えるならば、謝罪が赦しの実現の重要なきっかけになることは、ある程度期待できるだろう。

普通、被害者から赦されることを望む加害者は、謝罪を実行しようとする。しかし、自分の意志だけで常に実行できるわけではない。相手に重大な損害が生じている出来事においては、相手に向かって自分勝手に「すみません！」と声をかけるだけでは謝罪にならない。このことはすでに何度か確認した通りだ。それゆえ、たとえば相手と面会する時間を設けて、当該の出来事を自分がどのように受けとめているかや、いかに反省し、どう償おうとしているかを丁寧に伝えることが必要になるだろう。ことの重大さに応じて、謝り方というものは変わってくるのだ。

しかし、相手はそもそも会ってくれないかもしれない。ならば、同様のことを手紙に書いて送るのはどうか。しかし、相手はその謝罪文の受け取りを拒否するかもしれない。先ほども指摘した通り（本書83―84頁）、〈重い謝罪〉をするためには加害者は、謝罪によって被害者に赦される以前に、謝罪すること自体を許される必要がある。だからこそ、加害者はときに、手紙や電話などを用いて被害者にまずコンタクトをとって、謝罪をさせてくださいと許可を求める必要が出てくるのである。

繰り返すなら、謝罪したからといって赦されるとは限らない。だが、謝罪が許されること、すなわち、謝罪を謝罪として相手に受け入れてもらえることが、赦しの実現のための重要なターニングポイントになりうることは確かだ。時間が解決する場合など、謝罪しなくとも赦されるケースもあるとはいえ、大抵のケースでは、最低限、謝ることができていなければ、赦されるのは困難だ。謝罪——および、その一環としての償いの約束と履行——は、被害者の物心両面の損害が修復され、受動的な混乱状態や無力感に苦しんでいる状態から回復し、状況に対する一定のコントロールを取り戻す、その手助けとなりうる。そして、多くの場合、その延長線上に「赦し」という契機が位置づくのである。

†謝罪と赦し②——被害者にとっての心の区切りとしての赦しと、その予見不可能性

いま跡づけたのは、謝罪の実現が赦しの実現に結びつく次第だが、赦しが加害者にとってだけではなく、被害者にとっても重要な意義をもちうることを、ここであわせて確認しておこう。

事件や事故に巻き込まれた人の人生は、それ以降大きく変わってしまう。生活の多くの部分で「被害者」という存在であることを余儀なくされ、災難の記憶や負の感情に繰り返し苛《さいな》まれ、裁判などに時間や労力を奪われ、場合によってはマスメディアやソーシャルメディアへの対応で疲弊する。身心ともにその事件や事故に否応なく釘づけになり、囚われてしまう。本来は、自分がずっと大切にして営んできた生活や取り組みがあったのに、そ

の事件や事故がどうしても心の中心に居座ってしまう。それゆえ、加害者と向き合い、その謝罪を受け入れ、相手を赦すことは、被害者が心の区切りをつけ、新しい人生を歩み出すための重要なきっかけとなりうる。

ただし、注意すべきなのは、赦しはときに周囲の圧力によって促されてしまうということだ。たとえば、加害者が痛々しい土下座を繰り返したり、職を失うなどの強い社会的制裁を受けたりしたことに感化された第三者が、被害者に対して「これだけ謝ったのだから（これだけ償ったのだから）もう赦してやりなさいよ」という類いの圧力を向けることがある。あるいは、その種の赦しを迫る空気が、被害者の周囲で醸成されることがある。

また、赦しの次元についても注意する必要がある。赦しがまさに被害者の心の区切りとなるには、相手へのそれ以上の刑罰や賠償を求めないというだけでは十分とは言えない。それがたとえ周囲の圧力によるものではなく、自分の意志によるものだとしてもだ。なぜなら、行動だけではなく感情の次元で、相手をこれ以上咎《とが》める気にならなくなる——相手に対する怒りや憎しみから解放される——という状態に至ってはじめて、相手を心から赦したことになるからだ。

問題は、そうした次元での赦しは被害者の意志によって自由自在にもたらされるものではない、ということである。愛そうと思っても愛せるとは限らないのと同様に、赦そうと思いさえすれば赦せるわけではない。感情とは自ずと湧き出てくるものであって、完全には自分の自由になりえないのだ。むしろ、相手を心から赦せたという状態は、被害者にとっても予見できないかたちでいつの間にか我が身に訪れるものであり、その意味で一個の僥《ぎょう》倖《こう》に属するとも言える。ドイツ出身の政治哲学者ハンナ・アーレントの表現を借りるならば、「赦しの行為は決して予見できない」(Arendt [1958] 1998: 241/376) のである。

†制裁・処罰としての謝罪

謝罪と赦しの結びつきについて、また、赦しというものが特に感情の次元で実現することの難しさ――あるいは、予見しがたさ――について素描したところで、本節の最後に、謝罪という行為の制裁ないし処罰としての機能についても見ておきたい。

アーレントによれば、赦しと罰の間には類似した機能を見出すことができる。すなわち、「赦しと罰は、介入がなければ際限なく続く何かを終わらせようとする点で共通している」(ibid.: 241/377) というのである。何かしらの損害が生じた出来事に関して、加害者を赦すことが一定の区切りとなるのと同様に、加害者に罰を与えることもまた、古来、まさしくけじめ (=前後の区切り、隔て) ないしはみそぎとして機能してきた。

そして、謝罪は、基本的に赦しの前提となる行為であると同時に、それ自体が処罰ないし制裁としての性格をもつこともある。謝罪の一環として償いを行うことにより、財産や地位を失うといった物理的損害を受けることはもちろんあるが、それだけではない。相手に対して自分の非を認め、頭を下げることは、当人のプライド（あるいは、面子《メンツ》、体面）を多かれ少なかれ傷つけ、恥の感情を生む。人によっては、また、時と場合によっては、強い屈辱を覚えることもあるだろう。こうした点で、自発的に謝罪がなされるときには、それは自己処罰としての側面をもちうるし、また、相手からの強い要求や命令によって否応なく謝罪するときには、それは端的な処罰として捉えることもできる。

ひとつ例を挙げてみよう。テレビドラマ『半沢直樹』の最終話（ＴＢＳ系列、二〇一三年九月二二日放送）において、主人公の半沢は、勤務先の銀行の幹部が居並ぶ取締役会で、上司の大和田による一連の不正行為を証明したうえで、その場で土下座をするように迫る。大和田は歯を食いしばり、半沢を睨みながら、長い時間をかけてようやく膝を屈し、嫌々土下座を敢行する。それはまさしく屈辱にまみれた姿だ。

半沢が大和田に土下座を命じたのには、いくつかの背景がある。彼は以前、大和田に対して、あなたが不正を働いたのが事実だと判明したら、土下座をしてわびてくださいと求め、大和田もそれに応じていた。半沢は、その約束を果たすことを求めたのだ。また、さらにそれ以前に、半沢が中学生の頃、経営難の中小企業を経営していた彼の父が、大和田に土下座までして融資を頼んだが断られ、首を吊って亡くなるという事件があった。半沢は件《くだん》の取締役会の場で、そうした過去の因縁にもけりをつけようとした。そこには、不正がなされ、しかもそれが正されていないということに義憤を覚える正義感や、父と自分の尊厳を回復したいという思い、それから、大和田という個人に対して仕返しをしたいという復讐心、それらが綯《な》い交ぜになって渦巻いていたと言えるだろう。

†制裁・処罰としての謝罪の「軽さ」と、報復の連鎖の可能性

加害者を非難し、土下座などによって報いを受けさせ、当該の出来事に関してけじめをつけるとかみそぎを済ませる、という場合がある。また、そのように相手を屈服させ、相手のプライドが傷つく様や恥辱に震える様、物理的な損害を被る様を眺めることで、溜飲が下がるという場合もある。

だが、それによって被害者の傷が癒えるかというと、必ずしもそうとは言えない。因果応報の秩序が貫かれることや、復讐心が満たされることで心が晴れる人もいれば、そうでない人もいる。むしろ、空《むな》しさや遣り切れなさに苦しむという場合も多いだろう。言い換えれば、罰としての謝罪が常に被害者の精神面の修復に寄与するわけではない、ということである。

それから、たとえば半沢が大和田に対して行ったような、まさに形式的な謝罪の強要は、当然、心からの真摯な謝罪というものからは程遠い。この謝罪が、半沢が物理的・精神的

に被った重大な損害をめぐるものだという意味では、これは〈重い謝罪〉に属していると言える。しかし、土下座という所作だけで謝罪が完了するという意味では、これはむしろ〈軽い謝罪〉に属しているとも見なしうる。この謝罪は半沢にとっても大和田にとっても重い意味をもつが、それは、たんに「すみません」と発話したり頭を下げたりすることに比して、土下座という行為が特に帯びうる意味合いゆえだ。すなわち、この場合には加害者の改心（改悛、悔悛）や誠意といった要素は何ら重要なのではなく、土下座をすること自体に対する加害者の抵抗感——それを耐えがたいほどの屈辱と感じること——こそが重要なのである。

そして、それゆえに、この種の謝罪は報復の連鎖を生み出す恐れもある。つまり、謝罪の強要によって屈辱を受けたことを恨みに思い、それを晴らしたいという復讐心を加害者に生じさせる、という恐れである。

†公共的なレベル、正義という次元へ

アーレントは、先述のとおり赦しと処罰の共通性を指摘しつつも、同時に、復讐は赦しの対極にある一方で、処罰は赦しの代替物であると主張して、復讐と処罰とを区別する議論を展開してもいる（Arendt [1958] 1998: 240-241/376-377）。アーレントによれば復讐とは、

犯罪などの罪に対して人が自動的に向けがちな反応（reaction）であり、それは自ずとさらなる反応の連鎖——報復の連鎖——を呼び込み続ける。それゆえ、犯罪などがもたらす結果に対して、復讐によって終止符を打つことは困難だとアーレントは指摘している。

彼女によれば、終止符を打ちうるのは赦しか、あるいは、「正義の感覚（sense of justice）に基づいて我々が要求する」（Arendt [1964] 2003: 26/45）ような処罰である。それは具体的には、公共的なレベルで、正義に則って法により定められる罰——つまり、刑罰——の実行にほかならない。すなわち、「法とそれが定める罰は、復讐の悪循環の連鎖を断ち切るために考案されたものだ」（ibid.）[20]ということである。

公共的な刑罰の実行と私的な復讐がどこまで明確に区別できるかどうかというのはさておき、彼女の一連の議論は、加害者と被害者という私的な二者関係に留まらない問題圏が存在することを、謝罪という主題に関しても示唆するものになっている。なぜなら、赦しや罰という概念が、公共的なレベルにおいて（も）検討を加えられるべきなのだとしたら、これらの概念と関連する謝罪の概念にも、同様に公共性や正義といったポイントが存在することが予想されるからだ。次節では、この点を掘り下げていくことにしよう。

表７／第２節のまとめ：被害者の精神的な損害に関して謝罪が果たしうる機能

精神的な損害の内容	謝罪の効果
再び同様の目に遭うのではないかという不安、恐怖、社会に対する不信	真摯な謝罪によって、再び（この人物から、あるいは別の人物から）危害を加えられるかもしれないという被害者の懸念は後退しうる。また、社会に対する不信も軽減されうる。（特に、怨恨や歪んだ恋愛感情などによる付きまとい、嫌がらせ、傷害といった事件に関しては重要性が高い。）
加害者に対する怒りや憤りなどの反応的態度	真摯な謝罪は、加害というかたちで被害者に向けたネガティブな態度（悪意、軽視、無関心など）を改めることを意味する。それによって、被害者のネガティブな反応的態度が緩和されうるし、ポジティブな反応的態度（赦しなど）が引き出されることもありうる。
尊厳や自尊心の毀損	真摯な謝罪は、まず、咎められるべきは加害者であるという認識を明確にする。そして、加害というかたちで被害者をあなどり、軽んじ、ないがしろにしたのは過ちだったと認め、相手に深い関心を寄せ、相手を重んじて、敬意をもって遇することを意味する。以上の点によって、被害者の尊厳や自尊心の回復に資することがありうる。
受動的な混乱状態、無力感	真摯な謝罪は、「なぜ自分がこんな目に遭わなければならなかったのか」という被害者の切実な問いに応答し、出来事の真相を開示することを含む。被害者は真相を知ることにより、わけも分からずに加害者に振り回され、酷い損害を被っているという、受動的な混乱状態と無力感から抜け出し、状況に対する一定の理解とコントロールを取り戻しうる。
当該の事件や事故に心が囚われて吹っ切れない状態	被害者が加害者からの謝罪を受け入れ、相手を赦すことは、心の区切りをつけ、新しい人生を歩み出すための重要なきっかけになりうる。
不正がなされて正されないことへの義憤、加害者に仕返ししたいという悔しい心境	謝罪を実行することで加害者が物理的な損害を受け、プライドが傷つき、恥辱を覚えることは、不正をなした者が報いを受けるという因果応報が実現すること、または、加害者に対する仕返しが実現することを意味しうる。その場合、被害者の義憤が静まることや、復讐心が満足することがありうる。（ただし、心は晴れず、むしろ空しさが残ることも。）

第３節

社会の修復、加害者の修復
――「強盗事例」をめぐって②

†不特定多数への謝罪――正義の修復への寄与

前節では、被害者の精神的な損害の修復という観点から、謝罪が果たしうる種々の機能を跡づけてきた。本節では、これ以外の観点からも謝罪を捉え直すことにしたい。

前節の終盤において、謝罪は当該の事件や事故に関してけじめ（＝前後の区切り）をつける制裁や処罰として機能しうる、という点を見た。そしてそこには、被害者が加害者に対して個人的に抱く恨みが晴らされる、仕返しがなされる、という復讐の側面が認められる一方で、不正が正されるという側面も認められることを、同時に確認した。

不正が正されることには、被害者当人の義憤が静まるという私的なレベルの効果も見出すことはできるが、本節で焦点を当てたいのは、それが文字通り社会の機能や秩序の維持ないし修復につながるという、公共的なレベルの効果である。

先の強盗事例（73頁）における刑事裁判の局面を、ここでもっと掘り下げてみよう。公判のなかで加害者のC氏は強盗致傷の公訴事実を認め、「申し訳ありませんでした」と言った。このとき、C氏はいったい誰に対して言ったのだろうか。

一方の候補は、言うまでもなく被害者であり、被害者の家族などの関係者である。実際、C氏は公判において、「被害者とご家族の皆さまに、深くおわび申し上げます」などと付言し、傍聴席の方を向いて頭を下げるかもしれない。

そして、もう一方の候補は、不特定多数の市民、国民、あるいは、世間や社会といった抽象的全体である。特に、社会に一定の影響を与えた事件の刑事裁判において、加害者たる被告人は、形式的には目の前の裁判官や裁判員などに対して、ときにその目を見ながら「申し訳ありませんでした」と頭を下げることがある。もちろん、そのとき被告人は、少なくとも裁判官や裁判員個人に対して謝ろうとしているのではない。その態度が向けられているのは、彼らの背後に想定される世間や社会に対してだろう。被告人はたとえば、特定の個人に損害を与えたことというよりも、世間に動揺や不安などを与えたことについて謝ろうとしているのかもしれない。あるいは、正義をはじめとする社会の道徳——および、それと合致する法——という秩序を破ったことに、被告人の謝意が向けられていると言えるかもしれない。

たとえば、公判でC氏が、「被害者とご家族の皆さま、ならびに世間の皆さまに、深くおわび申し上げます」と言った場合には、その言葉はまさに被害者（およびその関係者）と世間の双方に向けられていることになる。また、C氏が悔やみ、償おうとしているのも、当該の強盗傷害という行為と、それがもたらしたD氏個人の損害だけではなく、自身の犯罪が損なった社会の安寧なども含まれることになる。

では、謝罪は、そうした公共的なレベルの修復に関してどう寄与しうるのだろうか。

†刑罰の位置づけと謝罪①——応報刑論

強盗事例において、C氏が公訴事実を認め、「申し訳ありませんでした」とか「深くおわび申し上げます」などと発言することは、相応の刑罰を甘受する意志を含意している。刑罰とは、日本のような法治国家の場合には、犯罪を犯した者に対して国家権力が科す法定の制裁のことだが、その位置づけに関しては、大きく分けて**応報刑論**と**目的刑論**という二種類の異なる立場がある。

一方の極は、応報刑論である。この立場によれば、刑罰の本質とは正義の理念に則った応報そのものにほかならない。すなわち、ある損害をもたらした加害者に向けて、それを非難する意味を込めた相応の処罰を行うこと——そして、それ以上の過剰な処罰を行わないこと——を通じて、因果応報の秩序を守り、同時に、報復の連鎖（94―95頁参照）を防ぐことこそが、刑罰の本来の役割だということである。（たとえば、紀元前十八世紀に古代バビロン王朝で制定されたハンムラビ法典、特にその「目には目を、歯に歯を」という表現で知られる条項は、この立場の代表例である。）

この応報刑論の利点は、何よりもその分かりやすさと自然さにある。同害報復《タリオ》の図式、すなわち、悪行（＝犯罪という作用）に対して悪果（＝刑罰という反作用）を返すことで、犯罪により生じた不均衡を正し、正義を修復する、という図式は、きわめてシンプルで明快だ。また、我々人間の多くは、たとえ自分自身が被害を被ったわけではなくとも、他者が不正によって苦しめられるのを見れば、自ずと義憤を覚えるものだ。ストローソンも強調するように、反応的態度には自分が当事者の場合に相手に向ける私的な態度だけではなく、「他者の立場を考慮した反応的態度」(Strawson [1962] 2008: 16/58) というものも存在する。繰り返すなら、「我々は他者のことを思って道徳的観点から憤りを感じる」(ibid.) ことも往々にしてあるのだ。そして、刑罰というものは、その種の義憤を静めるものになりうる。しかも、個人ではなく国家権力が報復を行うことによって、私的な復讐では生じがちな報復の連鎖を抑えることも期待できる。

だが他方で、応報刑論にはよく知られた難点もさまざまに存在する。まず、すぐに気づくのは、悪行と悪果を釣り合わせることが明らかに困難な犯罪が無数に見受けられるということだ。たとえば、複数人の命を奪った者を仮に死刑に処したとしても、犯罪という作用による不均衡状態は解消されていないと多くの人が見なすだろう。また、そもそも、強盗であれ傷害等々であれ、加害者に刑罰を科すことによって出来事を帳消しにするのは不可能なのだから、犯罪と刑罰はどこまでも釣り合わないという考えもありうる。

それから、たとえば刑法学者の山口厚は、応報刑論が抱える難点として次の二つを挙げている。まず、正義を実現（修復）するという、「国民の幸福や共同生活の安全といった現実的目的・利益から離れた観念的な理念」（山口 二〇〇八：47）のために、国家が国民の生命を奪ったり自由を制限したりすることは果たして正当化されうるのか、という問題がある。それから、正義の実現のためには犯罪という作用に対して刑罰という反作用をぶつけて相殺させる必要があるとすれば、どんなに軽い犯罪でも、また、犯人にどんな事情があったとしても、犯罪がなされた以上は例外なくその犯罪に応じた刑罰を科すべきだ、ということになってしまう（同47―48）。

†刑罰の位置づけと謝罪②――目的刑論

刑罰の位置づけに関して、以上の応報刑論とは異なる見方を示しているのが目的刑論である。目的刑論は**一般予防論**と**特別予防論**とに大別されるが、それぞれの概要は以下の通りである。

一般予防論は、社会一般の人々の犯罪を予防するという目的のために国家権力は刑罰を科す、という見解をとる立場だ。国家は「国民に対し、犯罪を行うと刑罰が科されることを予告し、それによって犯罪が行われることを防ごうとする」（山口二〇〇八：50）。また、「実際に罪を犯した者に刑が科され、現実に執行されることで、刑の予告が国民においてまじめに受け止められる」（同）ことを期待する。こうした一般予防の観点は、犯罪の被害者もしばしば示すものだ。すなわち、犯罪者がきちんと裁かれることによって、自分のような目に遭う人がもう出ないことを願う、という思いである。（また、予防という観点でいえば、当該の犯罪者に対する刑罰の執行のみに留まらず、社会の変革――同種の犯罪の厳罰化などをはじめとする法改正など――に結びついた場合にも、被害者やその家族などの関係者は、「彼の死は無駄ではなかった」という風に、自分たちの被った被害にある種の意義を認めることができ、その点で救われる部分もあるだろう。）

他方で、特別予防論は、犯罪を犯した者の再犯を予防するために国家権力は刑罰を科す、とする立場である。それゆえ、特別予防論においては刑罰は、犯罪者の矯正ないし教育という意味をもつことになる。

こうした目的刑論の観点からすると、犯罪者による謝罪は、特に特別予防の必要性の有無や程度などを決定する際に考慮すべき事情のひとつとして捉えるのが通例だ。実際、裁判員裁判における量刑評議のあり方についての研究報告では次のように述べられている。

> 「犯罪後の態度」のうち被告人の反省についてみると、これは純粋に犯罪行為後の事情であり、矯正指導を素直に受け入れる可能性の程度を推知する事情として、特別予防の一事情として位置付けられることになろう。（司法研修所［編］二〇一二：66）
>
> 　実際の裁判では、反省の有無・程度だけでなく、被害弁償や示談の努力の真剣さ、被害者らへの謝罪の有無、その内容、時期、自首、警察への出頭状況、真実解明への積極的協力など客観的で具体的な事情をトータルに考慮して、被告人の特別予防の必要性の有無・程度等について説得的に主張・立証することが求められよう。（同67※強調は引用者）

†刑罰の位置づけと謝罪③――相対的応報刑論

ただし、特別予防や一般予防という観点のみによって刑罰を正当化する立場では、たとえ軽微な犯罪しか犯していない者であっても、犯罪予防に必要であればいくらでも重い刑罰を科すことが理論上可能になってしまう。これでは、個人の自由やその他の人権が著しく制限されることになりかねない。また、逆に、刑罰を科しても犯罪予防の効果がない場

表８／応報刑論と目的刑論の整理

	種類	内容
応報刑論	絶対的応報刑論	刑罰とは、犯罪行為を非難する応報的な処罰にほかならない、とする立場。
	相対的応報刑論	刑罰とは、第一義的には犯罪行為を非難する応報的な処罰であるが、それを通じて犯罪予防の目的も有するものだ、とする立場。
目的刑論	一般予防論	刑罰とは、社会一般の人々の犯罪を予防するという目的のための手段である、とする立場。
	特別予防論	刑罰とは、犯罪を犯した者の再犯を予防するという目的のための手段である、とする立場。

合（再犯の可能性がない、見せしめの効果が全く期待できない、など）には、刑罰を科す正当性を失ってしまうことにもなる。総じて、「予防論自体には、個人の自由保障という観点から国家の刑罰権を限界付ける、内在的な限定基準がない」（山口二〇〇八：50）ということだ。

それゆえ、「現在においては、過去の犯罪を根拠とする応報的処罰を通じて、将来の犯罪予防をはかろうとする見解が一般的である」（井田二〇一八：9）。すなわち、国家の刑罰権を限界づける内在的基準をもつ応報刑論を基本にしつつ、犯罪予防の目的も考慮する、言うなれば折衷的な立場である。これは一般に**相対的応報刑論**と呼ばれ、犯罪予防の目的を考慮しない**絶対的応報刑論**とは区別される。

こうした相対的応報刑論の立場をとるなら、犯罪者による謝罪は、特別予防にかかわるだけではなく、それ以前に、自身の犯罪行為に対する非難を受け入れ、応報的な処罰に服する意志を示すものとして捉えられる。したがって、謝罪は司法のプロセスにおいて不可欠の本質的な要素ではないことになる。というのも、先に確認した通り、謝罪は犯罪の予防ということに関してはあくまでも考慮されるべき一事情に過ぎないし、また、謝罪の有無やその内容が刑罰の程度や種類に影響を与えることはありうるものの、刑罰を科すかどうか自体を決定することはないからだ。

†修復的司法①——被害者の回復と癒しを司法の中心に

ここまで、刑罰をどう位置づけるかに応じて、謝罪という行為の捉え方がどのように変わるかを確認してきた。

しかし、刑事司法のあり方をめぐっては、おおよそ一九八〇年代以降、刑罰を科すことを主軸に置く従来の考え方とは異なる**修復的司法**（restorative justice）という考え方も、欧米を起点に大きな潮流となっている。この「修復的司法」に基づくならば謝罪の捉え方もまた大きく変わるわけだが、その点を確かめるために、まずはこの理論がどのようなものかを概観しておくことにしよう。

修復的司法のパイオニアとして知られる犯罪学者ハワード・ゼアによれば、これまで欧米の社会において犯罪というものは、国家が定めた法などの諸規則に対する違反——それゆえ、国家に対する侵害――として捉えられてきた。この見方に従うなら、司法の役割は、国家と加害者を犯罪の主たる当事者として捉え、法違反に対する応報的な刑罰を科すというものになる（Zehr [1990] 2015: 183-188/184-188）。

ゼアはこの旧来の犯罪観・司法観と、それに基づく制度を「応報的司法（retributive justice）」と呼び、これに対して、「被害者と加害者のニーズの多くをともに満たしていない」（ibid.: 182/181）という批判を向けている。もっとも、彼によれば、「応報的司法の理論も修復的司法の理論も、悪事によって均衡が崩れたという基本的な道徳的直観を認めている」（ibid.: 238/4）という点では共通している。[21] だとすれば、前者の応報的司法はなぜ、被害者と加害者のニーズの多くをともに満たしていないことになるのだろうか。

ゼアがまず強調するのは、司法の手続きでは被害者が当事者から外され、置き去りになっているということだ。彼の考えでは、「司法の第一の目標は、被害者のための回復と癒しでなければならない」（ibid.: 188/189）。これが、彼の唱える修復的司法の基本的な考え方であり、旧来の応報的司法にまずもって欠けているとされる視点である。

被害者のための回復と癒しには、物理的な面だけではなく、前節で詳しく跡づけたような、種々の精神的な面が含まれる。ゼアも、「被害者は、直接的な害が財産のみに向けられている場合であっても、自分自身が直接侵害されていると感じる」（ibid.: 184/184）と強調している。加害者に対する不安や恐怖、怒りや憤り。自分の尊厳や自尊心を傷つけられ、受動的な混乱状態のなかで無力感に苛まれること。当該の事件や事故に自分の心が囚われ、吹っ切れない状態。義憤や悔しさ。――これらを含む種々の苦境から被害者を救い出し、癒すことこそが、司法の最優先の目標だとゼアは言うのである。

†修復的司法②――関係の修復、加害者の修復、社会の修復

そして、彼によれば司法の第二の目標は、被害者と加害者の関係を癒すことである（ibid.: 189/189）。「関係」と言ってもそれは、本章の第1節で扱ったような既存の持続的な人間関係のことだとは限らない。ゼアも指摘するように、「以前は何の関係もなくとも、犯罪によって関係が生じ、その関係は普通は敵対的なものとなる」（ibid.: 184/184）。たとえば、加害者が真摯に謝罪し、被害者がそれを受け入れて加害者を赦すことができれば――つまり、改心と赦しによって和解が成立するならば――、被害者が抱える物心両面の損害のうち、多くの重要な部分が修復されるだろう。これはすでに第2節で確認した通りだ。その点で、被害者と加害者の敵対的関係を癒すというのは、被害者のための回復と癒しという第一目標に到達するための非常に有力な手段だと言えるのである。

ただし、ゼアは、被害者と加害者の敵対的関係を癒すことは被害者の修復だけではなく、加害者の修復、ひいては、両者が属する社会の機能や秩序の修復に資するものだとも強調

している。そして、この場合の「社会」というのは基本的に、無限定の社会一般の修復というよりも、被害者や加害者がそれぞれ属する――あるいは、事件以前に属していた――具体的な地域社会ないしコミュニティのことにほかならない。

ゼアが指摘するのは、犯罪の加害者は幼いときに虐待を経験するなど、深い傷を負っているケースが多いということ、また、彼らの多くは劣悪な環境で育ったために、意義ある仕事や生きる力を引き出すための教育・訓練を十分に受けてこなかったということである。その点で、「加害者は部分的には、自分に加えられた害のために人に害を加えるのだとも言える」（ibid.: 184/185）とゼアは強調している。

これらの損害を修復することは、懲役という刑罰に含まれる技能や知識の習得プログラム（職業訓練、資格取得など）によっても可能だが、それだけでは決定的な要素が欠けているというのがゼアの立場だ。刑罰を受けることで加害者は非難され、糾弾され、犯罪者という永遠に消せない烙印を押される。それによって加害者はしばしば、自身に対する尊敬を失い、自分は社会（コミュニティ、地域社会）に疎まれる無用な人間だとか不良な人間だとか見なし、また、事実として社会から排除される。そうして、刑罰を受けた加害者は往々にして、同様に社会から脱落した者たちとつるみ、さらなる犯罪の温床となるその関係性から抜け出せなくなってしまう。このように、犯罪が再生産され拡大していくシステムが刑罰によってむしろ助長されている面があるとするなら、それは、犯罪という作用による不均衡を正すという（応報的司法と修復的司法に共通する）観点からも、また、犯罪の予防という観点からも、実は歓迎すべき事態ではないことになる。

重要なのは、道徳的価値を全く意に介さない病的な犯罪者ならいざ知らず、犯罪に手を染めた者の多くは、多少なりとも良心の呵責や罪悪感、恥といった感情を抱えているということだ。先述のストローソンは、これはまさに自分自身に対する反応的態度だと指摘している。

> 自分自身に対する反応的態度というものがある。それは、他者のために自分自身に課す要求と結びついている。……一般的に言って、我々は自分を尊重するように他者に要求するだけでなく、さまざまな制約はあるにせよ、それと同種の尊重をある程度、他者のために自分自身に対して要求する……。(Strawson [1962] 2008: 16-17/59-60)

ストローソンによれば、人は、他者の尊厳を踏みにじる態度を自分が示したとき、自分自身に対して、ネガティブな反応的態度——良心の呵責、罪悪感、恥じ入る態度など——を向ける。これらの感情は、そのままでは自分の精神を蝕《むしば》み、自分を尊重する心自体を傷つけることにもなる。

加害者の改心と被害者の赦しによって和解が成立することの意義は、この点でも際立っ

表9／ゼアによる「応報的司法」と「修復的司法」の対比

応報的司法（retributive justice）	修復的司法（restorative justice）
・犯罪とは、国家が定めた規則に対する違反であり、それゆえ、国家に対する侵害である。 ・司法の役割は、国家と加害者を犯罪の主たる当事者として捉え、法違反に対する応報的な刑罰を加害者に科すことである。（それゆえ、ゼアによれば、応報的司法は被害者と加害者のニーズの多くをともに満たしていない。）	・犯罪とは、人々およびその関係に対する侵害である。 ・司法の役割は、被害者と加害者を犯罪の主たる当事者として捉え、両者の関係、被害者、加害者、社会（コミュニティ、地域社会）をそれぞれ癒すことである。 　理想的には、加害者の改心と被害者の赦しによる和解が成立して、被害者のニーズが満たされるとともに、加害者が社会に包摂されることが望ましい。

てくる。和解を通して加害者の尊厳が維持ないし修復されることは、加害者が自分自身を社会から脱落した者と見なさず、道徳的な行為者として社会に復帰する意志をもつことを助ける。また、被害者やその関係者、あるいは世間の人々が、加害者を再び社会に迎え入れ、包摂することを助ける。

先にも触れたように、応報という営みも回復という営みも、犯罪によって生じた不均衡を正して社会の機能や秩序を修復することを試みる、という点では共通している。しかし、国家による応報的処罰だけでは、被害者が置き去りになるだけではなく、加害者の尊厳を押し潰し、社会から排除する結果となりがちだ。また、それによって、犯罪の温床が社会のなかでさらに肥え太り、社会の機能や秩序自体が損なわれることにもなってしまいかねない。ゼアはこう強調している。

……応報は、被害者が突き落とされたレベルまで加害者のレベルを落とすことによって、均衡を取り戻す試みである。……一方、回復は、被害者を元のレベルまで引き上げようとするものであり、被害者の道徳的価値を認め、加害者の果たすべき役割と改心の可能性を認めている。それによって、加害者の道徳的価値も同じように認めることになる。(Zehr [1990] 2015: 195/195-196)

†修復的司法③——改心と赦しによる和解という理想、そこに至ることの難しさ

加害者や社会の修復は、特別予防や一般予防という観点からも当然重要である。ただし、修復的司法の考え方にとって、そうした予防の効果はあくまでも二次的なものだ。犯罪とは人々およびその関係に害を及ぼすことであり、司法の役割はこれらを具体的に修復する実践それ自体にあるというのが、修復的司法の核心なのである。

国家による刑罰や私的な報復といったものでは、しばしば遺恨や憎しみ、特定の人々の社会からの排除、社会不安といったものが残って燻《くすぶ》り続ける。だとすれば、加害者の改心と被害者の赦しによる和解が成立することは、〈人々およびその関係の修復〉という目標が理想的なかたちで実現することであり、その成果こそが修復的司法(justice)にとっての正義(justice)だと言える。ならば、司法はその理想を目指したプロセスを設計しなけ

ればならない、そうゼアは考えるのである。

具体的には彼は、被害者と加害者をはじめとする当事者が直接会って、**和解**（reconciliation）を目指す**メディエーション**（madiation: 調停、仲裁）のプロセスを重視している。[22] もちろん、その場は安全が確保されている必要があるし、「訓練を受けたメディエーター（mediator: 仲介者、媒介者）」（ibid.: 205/206）が同席することも不可欠だと彼は強調している。とはいえ、そこでのメディエーターの役割は、自分の思惑通りに話し合いを誘導することではなく、あくまでも、被害者と加害者の自発的なコミュニケーションを可能にし、支えることだという（ibid.: 205-206/206-207）。当事者同士のやりとりのなかで、加害者が自分の行為をみずから認め、責任を引き受け、被害者の疑問に答えること。また、加害者がこれまで歩んできた人生を説明する機会があること。そして、均衡を取り戻すために加害者が何をするかや何をしないかなどについて両者が合意し、それが履行されるかどうかを追跡・監視する手立てを明確にすること。——ゼアによれば、こうした事柄が実現することによって、メディエーションのプロセスが完全なものとなるという（ibid.: 206/207）。

この種のプロセスと、私的な一対一の謝罪プロセスとでは何が違うかといえば、今まさに確認したように、前者では訓練を受けたメディエーターをはじめとする第三者が常に介在することによって、プロセスの着実な進行や安全性の確保が図られる点が挙げられる。また、ゼアは、アメリカのインディアナ州のコミュニティ司法センターが実施した修復的司法の試みを紹介している。そこでは加害者は、みずからの行為が、(1)被害者に対してだけではなく、(2)自分がかかわるコミュニティ、および、(3)自分自身に対して害悪を与えたという理解を促される（ibid.: 202/203）。自分の行為の影響や償うべき対象を、コミュニティや自分自身も含めた広い視野で捉えることを促し、最も十全なかたちで社会の均衡の回復を実現することが企図されているわけである。

だが、こうしたメディエーションのプロセスの実行には限界があることも、ゼアは同時に潔く認めている。「すべての事例において和解を期待するのは現実的ではない。多くの場合、和解のようなものは達成できないだろう」（ibid.: 189/189）というのである。

その理由としてゼア自身が挙げているのは、このプロセスは当事者が自発的に参加することによって進められなければならない、という制約の存在だ。言い換えれば、「和解に向けて強制されていると参加者が感じるようなことがあってはならない」（ibid.: 189/190）ということである。また、「赦しとは神の賜物であって、赦す気になれない人々が、そのことによって罪悪感というさらなる重圧に苦しむようなことがあってはならない」（ibid.: 52/53）ともゼアは強調している。たとえば、被害者が不安や恐怖、嫌悪感などから、加害者と会うこと自体を望んでいない場合や、加害者がそもそも公訴事実を否認し、検察や被害者と敵対している場合には、このメディエーションのプロセスは開始することすらできない。直接対面する代わりに謝罪文を渡すなど、間接的なコミュニケーションを試みることも可能だが、前にも触れた通り（88頁）、それにも限界がある。

問題はほかにも指摘できる。いまの点とも関連するが、殺人などのあまりに凶悪な犯罪や、損害が大きすぎる犯罪の場合には、和解の糸口を探るのは相当難しいだろう。この場合、特に被害者は、どうあっても加害者を赦す気になれないとか、加害者には絶対に会いたくないと思ったとしても、何ら不思議ではない。また、損害の程度がそれほど大きくなくとも、加害者の改心が期待できない場合などには、やはり被害者は加害者と同じテーブルにつくことを望まないだろう。

したがって、修復的司法の目指すメディエーションのプロセスが適用されうるケースは、現実的にはかなりの程度限定されることになる。法哲学者の瀧川裕英は、「修復的司法が用いられるのは、通常加害者が少年である場合である」（瀧川二〇〇三：193）と指摘しているが、実際、国内外でいま実践されている修復的司法の多くは少年犯罪を対象としたものになっている。逆に言えば、少年犯罪をはじめとする限られたケースを除けば、ゼアが批判するような応報的司法が従来通り必要とされているということでもある。

†意図的な行為にまつわる改心の難しさ

ここまでしばらく、修復的司法とは何かを概観してきた。この実践において謝罪は、応報的司法とは異なり、まさしく本質的な役割を果たすものだ。なぜなら、加害者と被害者の間で和解が成立するためには、その前提条件として、加害者によって真摯な謝罪がなされること——あるいは少なくとも、真摯な謝罪がなされたと相手に受け取られること——が欠かせないからだ。

しかし、特に強盗事例のような意図的な犯罪の場合、謝罪の真摯さはそう簡単に認められうるものではない。他人の財産を無理矢理奪って身体を傷つけるという酷薄な振る舞いを、自分の意志で計画的に遂行した人間が、それから一年しか経っていない公判の場で、「自分のしたことは間違いだった」、「悪いことをした」、「二度としない」と心から思うことなどできるのだろうか。その謝罪の言葉に、本当に嘘はないのだろうか。

たとえば、過失による交通事故で相手に怪我を負わせてしまったという場合には、その後に自分が改心したと主張することにそれほどの困難は伴わない。なぜなら、電車事例や花瓶事例の場合と同様、あのときはたまたま注意を欠いていただけであって、以前から自分は故意に人を傷つけるような人間ではないということ——つまり、事故の前後で自分という人間自体は変わっていないということ——を、謝罪のなかで無理なくアピールできるからだ。その際には、今後はもっと注意深く運転すると相手に約束するかもしれないし、運転免許を返納することで、もう二度と運転しないという意志を相手に示すこともあるかもしれない。いずれにせよ、その程度の改心であれば、謝罪を通して相手に認めてもらうことは十分に期待できる。

しかし、紛れもなく故意に人を傷つけたケースなど、意図的に悪事をしでかした後に、そのようなアピールをすることはそもそも難しい。その悪事自体が、自分がどういう人間であるかを証明するものになっているからだ。

実際に強盗や傷害などを計画的に実行できてしまうような人間が心を入れ替えるには、少なくとも相当の時間が掛かると普通は見なされるだろう。教育や勉強や経験を通して多くを学び、いまとは異なる規範意識や道徳観を身につけること――つまり、その意味で成長すること――が必要だからだ。それゆえ、加害者がもう若いとは言えない大人だったり、犯罪があまりにも凶悪なものだったりする場合には、そうした成長の余地や可能性は低く見積もられることになる。他方、子どもの場合には、まだ未熟だとか無知だとか見なされる代わりに、急速に成長して変わっていく可能性が比較的認められやすい。少年犯罪が修復的司法の主たる実践例になっているのも、多くはこの点によると言えるだろう。

繰り返すなら、特に故意による不祥事の直後に、自分がすでに改心したことを加害者が主張するのは無理がある。そう主張できるまでには、少なくとも、悪かったと薄々思い始めることがありうる程度の間隔が空くことが必要だ。したがって、まず、謝罪すること自体が許されるまで一定の時間が必要である。また、その謝罪の内容に含まれるのは、これから本格的に改心する可能性を示すとか、本格的に自分を変える約束をするといったものになるだろう。よくある文言はたとえば、「自分の未熟さゆえに、とんでもないことをしてしまいました。これからは、相手のことを思い遣り、身勝手な行動を慎めるような人間になると誓います」といったものだ。

あるいは、犯行当時もすでに悪いとは思っていたが誘惑に負けてしまった、という類いの主張も可能だ。この場合には謝罪の一環として、「こんなことをしてしまったのは、ひとえに自分の弱さゆえです。これからは身心を鍛えて、誘惑に負けない人間になると誓います」といった説明がなされるだろう。そしてこれも、自分の不祥事が確固たる意図や計画に基づくものではないことを示唆しつつ、自身の成長を約束する類いのものだ。

そして、どちらの言葉も、すでに十分に成熟しているはずの大人が説得力を伴って発するのはなかなか難しい。ここに、謝罪することの難しさの一端が見出されるのである。

†誠意のない謝罪の典型的な実例――ある県議による差別発言をめぐって

いま確認した問題の根底には、人のものの見方や考え方、価値観、感覚、傾向性などはそんなに簡単に変化するものではない、という事実がある。この事実を軽視した謝罪、あるいはごまかした謝罪は、ときとして、より大きな不信や非難を招く。強盗事例のような刑事事件ではないが、この点を如実にあらわしている実例をひとつ見てみることにしよう。

二〇二二年秋、日本のある県議会議員がSNS上に、「同性結婚なんて気持ち悪いことは大反対！」と投稿し、多くの非難を浴びた。ジェンダー平等を目指す市民団体の代表が抗議に訪れると、この県議は、「心よりおわび申し上げる。これからはあのような発言はどんな場でもしないことをお誓い、お約束申し上げる」と述べ、その後、取材陣に対しても、「勉強不足で、軽率に投稿してしまった」、「日本では同性結婚が認められておらず、実例を見たことがなかった。あの時点では、本当にそういう気持ちがあったから、あんな書き込みをしてしまった。あの後、色々調べて、話も伺って、今では考えを変えた」と話した[23]。

しかし、それから約四ヶ月後の二〇二三年一月末、同じ県議がまたもSNS上に、「同性婚が気持ち悪いと言って何がいけないんですか。世の中には同性婚を気持ち悪いと思う人が殆《ほとん》どです」、「同性がキスをしたりするのは私のようなまともな人が見たらどう想うかおわかりですよね」などと書き込んだ。また、昨秋の自身の投稿についても、「まともな人が思う事をありのままにSNSに投稿しただけ」と記した。この一連の投稿はさらに強い非難を呼び、市民団体の関係者などが県議会議事堂に集まって、同県議の議員辞職勧告決議を求める要望書を議会に提出するまでに発展した。このとき、市民団体の代表はメディアの取材に応えて、「一度謝罪したにもかかわらず、再びの差別発言に大変怒りを覚えている。性的マイノリティの方がどれほど絶望を感じたか」とコメントしている[24]。

この県議は二〇二二年秋の段階で、性的マイノリティ、および広く世間に対して、自分の非を認めて謝っている。そしてその際、「あの後、色々調べて、話も伺って、今では考えを変えた」と述べ、「これからはあのような発言はどんな場でもしない」と誓っている。この約束をわずか数ヶ月後に破ったことで、同県議は、同性愛に対して自分が根深い差別意識をもつことを示しただけでなく、非難を避けるために公の場で口先ばかりの嘘を言ったことも証し立て、その点で信用を損なうことにもなったのである。

そもそも、同県議が最初に問題の投稿をしたすぐ後に、「色々調べて、話も伺って、今では考えを変えた」と軽々に言ってのけた段階で、この謝罪の誠実さを疑う理由は十分にあった。自分に長く巣くった差別的なものの見方や感覚を変えるには――あるいは、そうしたものの見方や感覚を表に出して人を不当に傷つけぬよう、自分の言動をコントロールするには――それなりの時間と努力が必要だ。したがって、この場合の真摯な謝罪とは、「色々調べて、話も伺って、これから考えをちゃんと変えていく」と誓うこと、そして、その約束を実際に果たすために継続的な努力を重ねることだろう。

†まとめと展望

本節では、前節から引き続き強盗事例を主な題材にしながら、被害者が受けた損害の修復以外に、社会の維持や修復という公共的なレベルにおいて謝罪がどのような機能を果たしうるかを検討してきた。

刑罰を科すことを主軸に置く刑事司法の実践では、加害者が公訴事実を認めて行う謝罪は、有罪であることの重要な証拠になるだけではなく、刑罰の程度や種類に影響を与える可能性がある。また、加害者の再犯を抑止する特別予防の観点からも、謝罪の有無やその内容は考慮すべき事情のひとつとなる。だが、刑罰それ自体に関して、謝罪というものは不可欠な本質的要素ではない。謝罪の有無やその内容にかかわらず、刑罰を科すことは可能だからだ。

他方、刑罰を科すことを必ずしも前提とせずに、人々およびその関係の修復を目指す修復的司法の実践では、理想的には被害者と加害者の間に和解が成立し、それが社会の維持や修復につながることが期待されている。したがって、そこでは謝罪という行為が、和解成立のための前提として本質的な役割を担うと言える。

本節では以上の点を確かめつつ、同時に、ここでいう「和解」とは加害者の改心と被害者の赦しによって成り立つものであり、それゆえに困難が存在する次第も跡づけた。まず、前節の後半で見たように（90－91頁）、被害者が相手を赦せるかどうかは本人にも予見しがたく、赦そうと思いさえすれば赦せるわけではない。また、本節で先ほど見たように、特に意図的な行為の場合、加害者がすでに改心したことや今後改心することをみずから証し立てることは容易ではなく、一定の時間や継続的努力、成長といったファクターが必要になる。このポイントは、本書の後の議論においても再び顔を出すことになるだろう。

＊＊＊

この第2章で取り上げた花瓶事例や強盗事例は、〈重い謝罪〉ということで人が思い浮かべやすい類型的なケースに含まれるものだ。その分析を通して見えてきたのは、まず、謝罪が、(1)正当化できない行為を自分がしたという認識を表明する行為であると同時に、(2)その行為によって引き起こされた損害に対応する何らかの償いの意志を示すといったかたちで、責任をとる意志を示す行為になっている、ということである。そして、その償いには、被害者の物理的な損害のほか、種々の精神的な損害の修復、さらには加害者自身の修復、そして、社会の修復という側面を見出せることを確認した。

次の第3章以降では、本章の分析を踏まえつつ、特に〈重い謝罪〉の意味や機能に、より詳しく分け入っていくことになる。具体的には、そもそも謝罪を定義することは可能かという問題、それから、謝罪の誠実さというものにつきまとう懐疑論の問題などを扱っていく。そのための材料は、ここまでの考察のなかにすでにおおよそ出揃っている。それが何かも含めて、これから明確にしていくことにしよう。

第3章

謝罪の諸側面に分け入る

第1節

謝罪を定義する試みと、その限界

†アーヴィング・ゴフマンによる定義

謝罪とは何か。それを包括的に説明しようという試みは、現代の英米圏に限ってもすでに数多く展開されているが、その嚆矢《こうし》とも言えるのが、社会学者アーヴィング・ゴフマンの議論だ。

ゴフマンは謝罪というものを、社会のルール（道徳、法、マナーなど）に対する違反を何らかの仕方で受容可能なものに変える矯正作用（remedial work）の一種として特徴づけている（Goffman 1971: 109）。

彼の見るところ、この種の矯正作用には、謝罪のほかに**弁解**（account）と**要請**（request）が含まれる（ibid.: 109-114）。「弁解」とは、自分は確かに社会のルールを破ったが、それは（少なくとも完全には）自分の責任ではない、と表明する行為だ。たとえば、「自分は確かにあなたの財布を盗んだが、それは、別の誰かに脅迫されて命の危険があったからだ」といった具合だ。それから、ここでいう「要請」とは、自分がこれから社会のルールを破ることの許可を相手に求める行為だ。たとえば、「自分はこれからどこかのタイミングであなたの財布を盗むが、それは、あなたの注意力を確かめるためだ」といった具合だ。

弁解と要請がいずれも、自分が社会のルールを破ったこと（あるいは、これから破ること）の正当化を図る行為であるのに対して、謝罪は、自分のしたことは正当化されないと認めつつ、社会のルールを破ったときの自分をいまの自分から切り離す行為である、そうゴフマンは主張している。たとえば、「自分は確かにあなたの財布を盗んだ。それは間違った行為であり、あのときの自分は未熟だった（あるいは、あのときは自分の弱さが出た）。私はいま、それをとても悔やんで申し訳なく思っている」といった具合だ。ゴフマンは謝罪を次のように定義している。

> 謝罪とは、個人が自分自身を二つの部分に分割する表示行為《ジェスチャー》である。すなわち、ルールを破る罪を犯した部分と、それから、違反行為から自分自身を切り離し、破られたルールの正しさを確認する部分とに分割する表示行為である。(ibid.: 113)

このゴフマンの指摘には、謝罪というものについての重要な洞察が含まれている。本書でもこれまで何度か確認してきたように、謝罪には多くの場合、問題を起こしてしまったときの自分とそれ以降の自分を切り離す――あるいは、そのときの自分だけ前後の自分から切り離す――という側面が確かにある。

もちろん、自分自身を本当に分割することなどできないし、また、仮にできるとするならば、問題を起こしたときの自分の行動に対してまさに自分のこととして反省したり責任を負ったりすることがそもそも不可能になってしまう（なぜなら、その過去の自分はもはやいまの自分ではないことになるのだから）。したがって、「分割」というのはあくまでも比喩であり、実際のところは、同一の自分が改心すること――あるいは、問題を起こした自分をいわば例外視すること――の類いを指すと言ってよいだろう。

たとえば、電車事例や花瓶事例のような過失に関する謝罪のケースでは、自分は意図的にこんなことをしたのではなく、ほんの不注意によるものであって、自分は本来なら社会のルールを破るような人間ではない、というアピールが込められている。

また、強盗事例のような、意図的な悪事に関する謝罪のケースにおいて、「未熟さのゆえに（あるいは、弱さのゆえに）自分はこんなことをしてしまった」という類いの説明が含まれる場合には、これから成長して違う自分になるという約束が込められていると言える。ただ、これは、いま現在は自分が変わっていないという事実を認めていることになるのだから、自分自身を分割して謝罪を真摯なものとするためには、この約束を果たすよう努めなければならない。

あるいは、そのように成長を約束するのではなく、あのときの自分はどうかしていた、とか、ほんの出来心だった、というかたちで、自分自身を二つに分割することもできる。つまり、この種の説明が謝罪に含まれる場合には、過失のケースと同様、不祥事を起こしたそのときの自分だけを前後の自分から切り離し、本来の自分はそんな人間ではないとアピールする意味合いが込められている。しかし、きちんと準備された意図的行為に関してそう説明することは、謝罪というよりも苦しい弁解（言い訳）に聞こえるだろうし、そうなると、少なくとも謝罪の真摯さを疑われるだろう。というのも、たとえば強盗という大それた行為をうっかり計画したという説明はとても呑み込みがたいからだ。

†L・F・コートによる定義

このように、意図的な行為に関しては困難があるとはいえ、確かに謝罪には多くの場合、問題となる行為に絡んで自分自身を二つに分割する——あるいは、分割する意志を示す——という特徴が見られる。

ただし、すべての謝罪にこの特徴が当てはまるわけではない。たとえば、自分がひどく不注意な人間であり、かつ、その欠点は直しようがないと自覚している人が、不注意で人に迷惑をかけるたびに、開き直ることなく相手に必死に謝る、ということはあるだろう。また、自分があまりに他人を信じやすい人間であることを自覚している人が、あるとき、やはり詐欺師に欺《だま》されてしまい、友人に借金などして迷惑をかけた後、自分のことがつくづく嫌になりながら友人に謝る、ということもあるだろう。

それから、次のような場合も考えられる。大きなリスクを覚悟のうえで起業した人が、運に恵まれずに失敗し、負債を抱えて債権者たちに謝罪するとしよう。このとき、この起業家が、敢えて大きなリスクを取った以上は失敗の因果責任は自分にあると認めて償う意志は示しつつも、自分がやったことは後悔していないし、今後もやり方は変えないと宣言する、ということはあるだろう。ほかにも、自分自身の分割という特徴を含まない種類の謝罪は色々と考えられるはずだ。

また、哲学者のL・F・コートが指摘する通り(Kort 1975: 82)、この特徴は謝罪以外のさまざまな種類の行為にも等しく当てはまるものだ。たとえば、自分はなんてうかつな(あるいは、悪辣な)人間だったんだと落胆して自分を責めることも、それから、自分の過ちを告白して今後は社会のルールを守る人間になると誓うことも、誰かに謝ることなしに実行可能である。

それゆえコートは、ゴフマンによる定義に代わって幾分込み入った定義を提示している。すなわち、何ごとか(行為、出来事等々)に関して誰かが相手に謝っていると言えるための必要十分条件として、以下の五つの条件を提示するのである（ibid.: 87）。

(a) それについて残念に思っている（regret）と表明する
(b) それに関する責任を認める
(c) それが相手に対する侵害になっていることを認める
(d) それが相手に対する侵害になっていることについて、残念に思っていると表明する
(e) 相手を、そうした侵害を受けない権利をもつ人間として尊重する表示行為《ジェスチャー》をする

コートによれば、この五条件のうちのどれが欠けていても謝罪にはならない。少し補足しておこう。まず、(a)と(b)が分けられていることには、英語の regret という言葉の多義性がかかわっている。第1章第3節ですでに確かめたように（43頁）、regret は「残念に思う」ことのみを意味することもあれば、それに加えて「後悔している」ことを意味することもある。たとえば、今年の国の景気が悪いことを残念に思う（regret）ことは誰でもできるが、「自分がこうしておけば景気が良くなったのに……」と後悔する（regret）こと——したがって、自分は間違っていたと責任を認めること——ができるのは、国のトップや中央銀行総裁などのごく限られた人物だけだろう。（それゆえ、日本語の「後悔」という言葉を用いて、(a)の条件を「それについて後悔していると表明する」と書き換えれば、(b)の条件はま

ず不要だろう。）

しかし、そのように仕事上のミスに関して自分の責任を認めるとしても、それだけでは謝罪にならない。たとえば、作家志望の人が、投稿しようとしていた小説の原稿を紛失してしまって猛烈に後悔しているが、自分以外の誰にも損害を与えてはいない、ということはあるだろう。また、たとえばベテラン作家が依頼原稿を締め切り直前に紛失してしまい、担当編集者などの他人に対して明らかに迷惑をかけているにもかかわらず、そのことを全く悪いと思うことなく、ひたすら原稿を紛失したことのみを悔いている、という身勝手なケースもあるだろう。

それゆえ、条件(c)〜(e)も必要になる。いまの例でいえば、担当編集者などに多大な迷惑をかけたことを認め、かつ、そのことを残念に思っていることを伝えるのみならず、相手に対して悪いことをしたと伝えること——相手には、それほどの迷惑を平気でかけられる謂《い》われなどなく、敬意ある扱いを受ける権利があると示すこと——によって、はじめて謝罪が謝罪として成立する、そうコートは主張するのである。

†川崎惣一による定義

以上のコートの議論は、謝罪の詳細な定義としては先駆的かつ影響力の大きいものだ。

そしてこの定義は、〈軽い謝罪〉に関してはよく当てはまる。

たとえば電車事例において、他人の足を軽く踏んでしまった人が「すみません！」という言葉を発して頭を下げることは、暗黙のうちに相手に対して、(a)その出来事を残念に思っていることを伝えると同時に、(b)自分がもっと注意していればこのような過ちは犯さなかったという風に自分の責任を認め、かつ、(c)その過失が相手の損害になっていることを認め、さらに、(d)そのことを残念に思っていることを伝え、そして、(e)足を踏まれる謂われなど相手にはなく、自分が悪いことをしてしまったのだと、相手を尊重する意志を伝える表示行為《ジェスチャー》になっている。また、総じてそれは、相手の足を踏んでしまったときの自分を普段の自分から切り離す表示行為《ジェスチャー》になっているとも言えるだろう。

しかし、コートの定義は、〈重い謝罪〉一般の内実を表すものとしては不十分である。というのも、この定義には責任をとる契機が欠けているからだ。相手に対して重大な損害を与えた場合、加害者はただ「すみません」と言ったり頭を下げたりするだけでは済まされない。それだけでは謝罪にならないのだ。前章第1節（65―66頁）で確認したように、たとえ文字通りの埋め合わせは不可能であっても、反省や罪悪感を証し立てるものとして何らかの償いをすることや、その意志を示すことが、謝罪の一環として含まれている必要がある。また、「なぜ自分がこんな目に遭わなければならなかったのか」といった被害者の問いに応答する責任（responsibility, accountability）をとる必要もある。そして、これらの責任を全うすることは、被害者の物心両面の修復や、社会の修復、それから、加害者自身の修復にも寄与しうる。

謝罪の十全な定義づけを試みる議論としては、その後、Joyce (1999), Smith (2008: Chap. 7), Radzik (2009), Corlett (2010) などさまざまなものがあるが、哲学者の川崎惣一は、特に Gill (2000) と Kirchhoff et al. (2012) における整理を踏まえ、「謝罪を構成する不可欠な要素」(川崎二〇一九:39) として以下の五点を挙げている。[25]

(1) 謝罪の内容となる出来事の認識
(2) 自己への責任の帰属
(3) 後悔・自責
(4) 被害者への償い
(5) 未来への約束

このうち、(1)〜(4)は、前章第1節(58頁)で花瓶事例から取り出した〈重い謝罪〉の内実①および②に対応し、それらをさらにパラフレーズするものだと言える。ここで念のため、それらも再掲しておこう。

①加害者が、〈被害者の被った重大な損害は、自分の行為によって引き起こされた〉ということが事実であること、また、自分のその行為が正当化できないものであり、後悔や罪悪感を抱いていること、その行為の結果に関して自分に責任があることを認め、被害者に対してその認識を表明する。

②加害者は、右の認識に基づいて、被害者の損害に応じた責任をとる意志を示す。

川崎が挙げている諸要素のうち、最後の(5)「未来への約束」という要素については補足が必要だろう。これは、同様のことを繰り返さないなどと誓う（あるいは、被害者などがそう信じるに足る理由を提供する）ということを指す。たとえば、「ごめんなさい、もうしませ、い、い、ん」と言うのはその典型である。また、そのように明示的なかたちでなくとも、この種の約束が謝罪のなかで暗黙裡に前提にされていることもあるだろう。

なお、(4)と(5)はしばしば、互いに近接したり補完的な関係になったりする。たとえば、被害者への償いに時間を要する場合などには、実際に償うのではなく、これから償うと約束することが謝罪の中身に含まれる場合が多い。また、加害者が改心して立ち直ることが被害者の何よりの願いであるような場合——たとえば、被害者と加害者が親子の関係で、子がグレて親に酷い暴力を振るってしまった、等々——には、加害者が更生を誓うことは被害者への償いにもなりうる。

†定義とは別の仕方で「謝罪」という概念を輪郭づける

川崎によるこの定義は、責任をとる契機を、(4)「被害者への償い」や(5)「未来への約束」というかたちで含んでおり、先述のコートの定義に認められた重要な欠落を補うものとなっている。ただし、これが謝罪一般の内実を示すものとして過不足がないかといえば、そうは言いがたい。

まず、これは〈軽い謝罪〉の定義としては明らかに過剰である。たとえば、電車事例の加害者が「すみません」と言ったり頭を下げたりするだけではなく、被害者に償いを申し出たり「もうしません」と約束したりするのでは、かえって不適切な振る舞いとなる。

それから、〈重い謝罪〉に限定したとしても、(5)「未来への約束」という要素は不可欠ではない。たとえば、余命幾ばくもない老人が今際《いまわ》の際に、過去に自分が犯した罪を告白して、被害者に謝るとしよう。このとき、老人の謝罪のなかに、同様の過ちは今後二度と犯さないといった約束が含まれることはないだろう。

だとすれば、(4)や(5)の要素は外して、(1)〜(3)の要素のみを満たす行為を謝罪として定義すればよいのではないか。いや、そうはいかない。これらの要素だけでは先のコートの定義とほとんど一緒であり、多くの謝罪に当てはまる重要な特徴が含まれないから、謝罪を輪郭づけるリストとしてはあまりに内容の乏しいものになってしまう。

また、それ以前に、実は〈重い謝罪〉のなかにも、たとえば少年犯罪の加害者による更生の約束といったもののように、(4)「被害者への償い」という要素を少なくとも直接は意図していないものを見出すことができるし、(3)「後悔・自責」という要素に関しても、事業に失敗した起業家の例（本書128頁参照）のように、他の要素は含みながらこの要素だけ欠くような謝罪の例も存在する。さらに、具体例の提示は後の第4章にまわして結論だけここで示すとすれば、(2)「自己への責任の帰属」や、(1)「謝罪の内容となる出来事の認識」という要素ですら、見方によってはこれらを含まない謝罪を見出すこともできる。（なお、(3)や(4)に関しても、これらの要素がうまく適合しない別の種類の謝罪を、やはり第4章で主題的に取り上げて検討する。）

要は、すべての謝罪に共通する本質的な要素のみ取り出して十全な定義を行おうとしても、いずれかの要素を満たさない謝罪のケースを見出すことができてしまうか、あるいは、定義として役立たない内容の乏しいものになってしまう、ということである。[26]

したがって、謝罪の全体像を捉えるうえで重要なのは、そうした完全な定義を目指すのではなく、多くの謝罪に見出せる重要な要素をひとつひとつ見ていくことである。そうすれば、ある種類の謝罪には当てはまり、別の種類の謝罪には当てはまらない数々の要素が緩やかに重なり合う全体として、謝罪という概念の全体を見渡すことができるだろう。

†「家族的類似性」によって緩やかに結びつき、輪郭づけられる概念

ニック・スミスも、謝罪とは見かけよりも非常に複雑で多様な社会的実践であり、少数の単純な意味に還元できるものではないと強調している。そして、謝罪という概念は「相互に関連する多様な意味同士が織りなす緩やかな星座」(Smith 2008: 12) として特徴づけられると指摘しつつ、現代を代表する哲学者ルートウィヒ・ウィトゲンシュタインによる**家族的類似性** (Familienähnlichkeit) の議論への参照を促している (ibid.)。実際、謝罪のみならず、複雑で多様な意味を内包する概念に対するこうした展望の仕方は、ウィトゲンシュタインが「家族的類似性」という名の下で示したものにほかならない。

ウィトゲンシュタインはまず次のように問うている。たとえば、世の中で「ゲーム」と呼ばれている種々の実践——つまり、「ゲーム」という概念の下に括られている諸実践——の間に、それらすべてに共通する本質的な要素は存在するのか、と。

素朴に考えれば存在するように思える。何か共通点がなければ、それらを同じ「ゲーム」という名前で括ることなどできないように思えるのだ。しかし、これは漠然とした思い込みに過ぎないとウィトゲンシュタインは指摘する。たとえば、野球とチェスには勝ち負けを競うという共通点があるが、チェスにはチームメイトがいない。チェスとババ抜きには

チームメイトがいないという共通点があるが、トランプを使うのはババ抜きの方だけだ。ババ抜きとソリティアにはトランプを使うという共通点があるが、ソリティアには対戦相手は必要ない。ソリティアとコンピュータゲーム「どうぶつの森」シリーズには、対戦相手が必要ないという共通点があるが、後者には明確なクリア（ゴール）という契機が存在しない、等々。ほかにも、どのような技術や運がどのような役割を果たすかによっても、個々のゲームの間にさまざまな類似性や差異を見て取ることができるだろう。

いずれにせよ、「ゲーム」と呼ばれるものすべてに共通する特徴（＝ゲームの本質と呼びうるようなもの）を見出すことはできない。にもかかわらず、我々は個々のゲームを知り、それらの間で部分的に重なり合う類似性を辿《たど》り、その緩やかな連関の全体を見渡すことにおいて、「ゲーム」という言葉で括られる一個のまとまりを見て取ることができるのである。

こうした類似性のあり方は、まさに家族において成り立っている類似性のあり方に比することができる。たとえば、娘、息子、父親、母親からなる四人家族を想像してみよう。娘と息子は目や鼻が似ているが、耳や口元は似ていない。父親と娘は目や耳が似ているが、鼻や口元は似ていない。母親と娘の鼻や口元はそっくりだが、目や耳は似ていない、といった具合である。このことからウィトゲンシュタインは、共通の本質的な要素なしに全体として一個のまとまり（カテゴリー、概念）を構成するような類似性の連関を、比喩的に「家族的類似性」と呼んでいる（Wittgenstein [1953] 2009: I- § 67）。

「ゲーム」という概念に限らず、我々の生活や社会に深く根を下ろし、それゆえ非常に多様な場面で多様な仕方で用いられる概念は、しばしば、〈その概念にカテゴライズされる事物すべてに共通し、かつ、その概念固有の特徴を表す〉という意味での「本質的」な要素によってではなく、種々の事物同士の家族的類似性によって緩やかに重なり合い、輪郭づけられる。そしてそれは、謝罪という概念についても同様である。

次節では、謝罪という概念の下にどのような「非本質的」かつ重要な要素が見出されるのか、いくつか具体的に辿っていくことにしよう。

第2節

謝罪の「非本質的」かつ重要な諸特徴

†未来への約束①——謝罪と約束の関係

まず最初に、川崎が謝罪の定義として示した(1)~(5)の諸特徴（132頁）のうち、(5)「未来への約束」について、ここであらためて詳しく見てみることにしよう。

我々は、特に〈重い謝罪〉を行う際、（すべてのケースではなく）多くのケースで、明示的にであれ暗黙裡にであれ、何ごとかを約束している。たとえば、加害者が被害者に対して「もうしません」とか「もうあなたを傷つけないと誓います」などと言うことは、加害者の誠意を示すものになりうると同時に、被害者が安心を得るための材料にもなりうる。ただ、その一方で、約束することは一種のリスクを引き受けることにもなる。なぜなら、約束を守らなかった場合にはむしろ、相手のさらなる不信を呼び込むことにもなるからだ。この点については先に、ある県議の謝罪という実例を通して確認したばかりだ（117—119頁）。

ともあれ、謝罪における未来への約束には、今後何かをしないことだけではなく、何かをすることも当然含みうる。たとえば哲学者のA・I・コーエンが挙げているのは、夫が結婚記念日を忘れるという失態をはじめて犯してしまい、妻に必死に謝る、というケースだ（Cohen 2020: 33-34）。夫は、自分が悪かったと妻に伝えるとともに、来年の記念日こそはちゃんとお祝いをすると約束する。具体的には、良いレストランを予約し、プレゼントを用意するといったことだ。

そして、コーエンはさらに次のような想定をする。一年後、夫がまたも結婚記念日を忘れてすっぽかしたとしよう。つまり、意図しなかったとはいえ、夫は妻との約束を破ったわけだ。この点に関してコーエンが問題にするのは以下の点である。すなわち、謝罪の一環として未来への約束が含まれていて、かつ、その約束を破った場合、当該の謝罪はそもそも謝罪として成立していると言えるのか、と。

コーエンの見るところ、たとえばニック・スミスは「成立しない」という立場を採っている。というのも、スミスによれば申し分のない謝罪[27]とは、「すみません」と言ったり頭を下げたりするだけで完了する行為ではなく、約束してそれを履行するという、一定の時間的幅のある行為と見なされるべきだからだ（Smith 2008: 144; Smith 2014: 21）。

コーエンは、このスミスの議論には見るべきところがあると認めつつも、これでは謝罪を謝罪として認める一般的な条件としては厳し過ぎると批判し、次のように指摘している。

先の例で、夫がはじめて結婚記念日をすっぽかしてしまったとき、彼は「申し訳ない、来年はちゃんと記念日のお祝いをするよ」と言い、妻は（赦すかどうかはともかくとして）それを謝罪として受け入れたとしよう。そのとき、謝罪自体は確かに成立していると捉えるのが自然である、と（Cohen 2020: 33）。

†未来への約束②——謝罪の成立の文脈依存性

このコーエンの主張はある意味では適切なものだ。しかしながら、彼自身が同時に認めているように（ibid.: 34）、ここにはかなり微妙なポイントも存在する。たとえば、大きな声で怒鳴ってしまったことについて、親が子どもに「申し訳ない、もう怒鳴らないと誓うよ」と言った数秒後、文字通り舌の根も乾かぬうちにまた怒鳴りだしたとしよう。この場合には、再び怒鳴る直前の親の言葉は謝罪とは言えないだろう。他方、過ちを再び犯したのがそのように数秒後とか数分後といった単位ではなく、先の結婚記念日のケースのように一年も後である場合には、たとえ約束を失念したとしても、その一年前の「申し訳ない、来年はちゃんと記念日のお祝いをするよ」という言動が遡及的に謝罪でなくなるとは言いがたい。ではいったい、初犯と再犯の時間がどこまで近接していれば、初犯の際の謝罪が謝罪として認められなくなるのだろうか。——実際のところ、その境界線は明確ではない。

以上の点について、コーエンは次のようにまとめている。

> ある行為について謝罪した後、あまりに早いタイミングで同種の行為をした場合には、それは謝罪とは言えないかもしれない。そうした近接した再犯は、典型的には、その人に謝罪するつもりがないことを示すものだろう。〔だが、〕そのタイミングからさらに時間を隔てたある時点で再犯したとすれば、以前に謝罪したことと矛盾をきたさなくなる。その時点がいつなのかについては、さまざまな議論が可能だ。(ibid.: 34)

このように、コーエン自身は最後の結論を濁している。だが、たとえ初犯から一定の時間を隔てた後の再犯というタイミングであっても、それが特に意図的なものであった場合には、過去に行《おこな》った謝罪について、あれは嘘だった、欺された、口先だけの偽物の謝罪だった、という風に認定されうるだろう。たとえば、先の結婚記念日のケースにおいて、二回目のすっぽかしがわざとだったとしてみよう。つまり、夫は意図的にレストランの予約やプレゼントの用意をしなかったのだとしてみよう。そして、それが妻に露見したとしてみよう。その場合、妻が、一年前の夫の謝罪も嘘だったのではないか、口から出任せの嘘の約束をしただけではないのか、と疑うのは自然だ。

コーエンは、「その後に再犯をしたとしても、それ以前のやりとりが良い謝罪であったか否かという点に変化は生じない」(ibid.: 33) と断言している。しかし、これはこれで極端な見解であり、スミスとは逆の方向に行き過ぎている。つまり、場合によっては遡及的に、一定の時間を隔てた過去の謝罪が謝罪として認められなくなるケースはありうる、ということだ。

また、そもそも、約束が約束として成立するためには、相手との間に相応の信頼関係があることが前提となる。約束を破ってばかりいる人間が「今度こそは誓います!」と言ったとしても、その言葉は空虚に響き、相手は約束として受け取ってくれないだろう。

約束の成立も、約束を含んだ謝罪の成立も、タイミングや実績、人間関係、後日の言動など、種々の文脈に依存している。謝罪の時点でどんな言葉を用いるか、どんな態度をとるか、償いや約束の内容としてどんなものを提示するか、といったことだけが、謝罪の成立や赦しの可能性を決めるわけではない。

たとえば、先のケースで結婚記念日を二度すっぽかされた妻は、夫が次の日に慌てて良いレストランを予約したり、プレゼントを買ってきたとしても、それだけではおそらく赦すことができないだろう。というのも、妻が願っていたのは、たんに良いレストランで食事することやプレゼントを得ることではなく、自分と同じく夫が結婚記念日を覚えており、その日を大事に思っていること――ひいては、自分たちの結婚生活を、お互いを、大事に思っていること――であろうからだ。言い換えれば、彼女の主たる怒りや悲しみは、自分に対する夫の無関心や軽視、冷淡さといったものに向けられているということだ。そうであれば、彼女の思いに応え、その傷を癒すことができるのは、少なくとも、本当に悪かったと夫が思うこと、彼女を大事に思って尊重する（あるいは、そう彼女を信じさせる）ことだろう。

しかし、結婚記念日を祝う約束を夫が何度も忘れたり、意図的に破ったりしたならば、自分は夫から軽んじられ、ないがしろにされているのではないかと妻が思っても全く不思議ではない。このとき夫が、一年前は本気で約束したんだと弁解したとしても、その説得力は限りなく低いし、また、たとえそれが本心だとしても、証明しようがない。妻に悪かったと本当に思い、反省し、彼女を大事に思っている（尊重している）ことを証し立てるもの――おわびの印となるもの――こそ、ほかならぬその約束の履行だったからである。

†道徳へのコミットメント（の確認、あるいは教育）

次に見ておきたいのは、いまの〈未来への約束〉という特徴や、あるいは、第2章第3節で取り上げた〈正義の修復〉という特徴とも直接関連しているものだ。それはすなわち、謝罪には道徳的価値や道徳的規範といったものへのコミットメント――その価値や規範を認めて肩入れしていること、その価値の追求や規範の遵守に本気であること――が含まれる、という点である。

この点は、数多くの論者が指摘している（あるいは、彼らの議論の前提になっている）と言っていい。たとえばニコラス・タヴチズは、謝罪は「道徳的な期待や感性を形成すること」(Tavuchis 1991: 2) に深くかかわっていると指摘し、「以前の道徳的秩序を修復する」(ibid.: 5) という点に謝罪の重要な役割を見出している。また、哲学者のグレン・ペティグルーヴとジョーダン・コリンズは次のように主張している。

謝罪の中心的な機能とは、道徳的な失敗として認識されたものによって緊張が生じたり破壊されたりした関係を修復する（のに貢献する）こと、あるいは、その種の失敗によって関係が緊張するのを防ぐ（のに貢献する）ことである。(Pettigrove & Collins 2011: 144)

ほかにも、たとえば哲学者のキャスリーン・ジルは、謝罪の必要条件のひとつとして、加害者が自身のしたことについて善悪などの道徳的評価を示すということを挙げているし(Gill 2000: 14-15)、さらに、先述のコーエンも、「謝罪とは、社会的な道徳が要求するものを人々が支持し、その要求に応える社会的な実践の一種である」(Cohen 2020: 61) という緩やかな定義を示している。

しかし、謝罪の必要条件や定義のなかに道徳へのコミットメントを含めるのは適当ではない。というのも、明らかに道徳的ではない内容で謝罪するケースもさまざまに存在するからだ。確かに謝罪は、自分のした行為などについて、それが何らかの意味で悪かったという認識を表明することを含んでいる。しかしそれは、道徳的に悪かったということを意味するとは限らない。たとえば、ある家に強盗に入った二人組のうちの一方が、その手際の悪さを相手に謝る場面を想像してみよう。そこでは、もっと素早く住人をふん縛れたはずだとか、もっと強く痛めつければ金目の物の場所をすぐに吐いたはずだとか、家に火を放ってから逃げるつもりがそれを忘れてしまった、といったことが、謝罪の内容となるかもしれない。(さらに、次の第4章で挙げる例のなかには、ある意味で道徳が要求する以上の事柄が謝罪の内容になるという意味で、道徳的原則へのコミットメントを含まない謝罪のケースに数え入れられるものがある。)

とはいえ、そうした特定の場面や関係性を除いた多くの日常の場面で、謝罪は確かに、特定の道徳的価値や道徳的規範へのコミットメントを示すものになっている。逆に言えば、賄賂を自分に渡さなかったとか、万引きしてこいと言ったのに従わなかったとか、とにかく反道徳的な理由によって誰かから謝罪を迫られたとしても、(その相手から精神的・物理的に脅かされているのでなければ)我々は普通それを拒否できるし、拒否すべきだ、ということである。それから、相手との約束を破ることは普通は道徳的に悪いことだと見なされるが、約束をした経緯や約束の内容、あるいは、約束を破る理由によっては、謝罪を求められても断ることができる。たとえば、私がある物品を知人から買う約束をしていたが、後でその約束を反故《ほご》にしたとしよう。知人は気分を害し、謝れと言ってきたのだが、実はその物品には欠陥があり、知人はそのことを隠して私に売りつけようとしていた。私はそれに気づいたために、約束を破ったのである。不誠実だと私に非難された知人は、逆に謝罪する側にまわることになるだろう。

ともあれ、いま確認したのは、我々はまっとうな理由だと自他が認めるようなことについて普通は謝る、ということだ。すなわち、一般に人は、道徳的に謝罪すべきことについて、悪かったと謝罪するのである。特に、「こういうときには「ごめんなさい」と言うんだよ」とか、「ほら、「ごめんなさい」しなさい」という風に、謝罪するという行為自体を子どもに教え始める際には、謝罪の内容はおしなべて道徳に適うものであるはずだ。その意味で確かに、謝罪は道徳的な期待や感性の形成に深くかかわっている。ニック・スミスも、同様のポイントを次のように強調している。

我々が子どもの頃、親や教師は、我々が自分の行動の性質を反省し、規範となる共同体に融け込めるように、謝りなさいと諭《さと》す。我々はおおよそこのときに、道徳性について学ぶのである。(Smith 2008: 12)

†人間関係の修復という目的

謝罪の重要な特徴として次に取り上げたいのは、広義の意味での人間関係の修復である。実際、謝罪の主眼をこの点に見ようとする議論は数多い。ペティグルーヴとコリンズが、道徳的な失敗によって脅かされた（あるいは、破壊された）人間関係の修復こそが謝罪の中心的な機能だと指摘している点は、すでに見た通りだ（本書145頁）。また、たとえば言語学者の熊谷智子も、「謝罪は、相手との間で問題や摩擦を解決し、人間関係を修復するという目的を達成するための行為である」（熊谷 一九九三：10）と定義している。さらに、川崎惣一も、「謝罪は単に過去の過ちに対する償い、というのではなく、むしろ、それ自体が、加害者と被害者、および両者を取り巻く人々との間によりよい人間関係を（再）構築することを目指した具体的なアクションである」（川崎 二〇一九：44）と強調している。

もっとも、本書の第2章第2節の終盤（91—95頁）、および同章第3節で跡づけたように、関係の修復を目的としない種類の謝罪もさまざまに存在する。たとえば、例の『半沢直樹』の最終話のように、個別の人間同士の私的な制裁ないし処罰、あるいは復讐として、謝罪が機能するケースもある。また、同害報復《タリオ》による正義の実現ないし修復の一環として謝罪を捉えることもできる（＝応報的司法の理論）。それから、謝罪が被害者と加害者それぞれの修復に資する面があることは、第2章第2～3節で跡づけた重要なポイントだが、それらが直接、人間関係の修復を意味するわけではない。たとえば、加害者から謝罪を受けることで被害者の被った精神的な損害が癒される部分があったとしても、被害者は加害者に対して変わらず強い敵対的感情を抱いている、というケースも間々あるだろう。それゆえ、人間関係の修復や、赦し、和解といったものが常に、謝罪の目的や意義を意味するとは限らない[28]。

とはいえ、これも本書でさまざまな角度から確認してきたように、こうしたケース以外の多くの場面で、謝罪の主要な機能として人間関係の修復を挙げることができる。たとえば、電車事例における〈軽い謝罪〉は、人間関係における一定の持ち場を前提にした信頼の維持ないし回復に貢献するものだ。また、花瓶事例における〈重い謝罪〉も、既存の持続的な人間関係を維持ないし回復する役割を果たしている。さらに、修復的司法の理論を概観するなかで見た通り（107頁）、強盗事例のような事例においても、犯罪によって生まれた被害者と加害者の敵対的関係を癒し、和解や赦しの可能性を開く重要な契機として、謝罪という行為を捉えることができる。そしてそれは、個別の二者間の関係の修復だけではなく、それぞれが属するコミュニティや地域社会の修復にもつながりうるのである。

†赦されることを目指す行為、あるいは、応答を要求する行為

繰り返すなら、謝罪にはその主要な機能として人間関係の修復というものが含まれうるし、和解や赦しの可能性を開く重要な契機ともなりうる。さらに、謝罪は多くの場合、相手に赦されることを目指す行為として特徴づけることができる。とりわけ、「ごめんなさい」、「お赦しください」、「Excuse me」といった謝罪の定型句は、その原義からして、相手の赦しを請う意志が示されていると解釈できる（本書45―46、87頁参照）。

社会心理学者の大渕憲一は、自分のしたことについて釈明を行う行為を、謝罪、正当化、弁解、否認の四種類に区別したうえで、謝罪の特徴を明確にしようと試みている（大渕二〇一〇：19以下）。大渕によれば、謝罪とは自分が悪いことをしたのを認め、かつ、自分の責任を認めることを含む一方で、**正当化**とは、自分のしたことはそもそも悪くなかったと主張することである。また、**弁解**とは、自分が悪いことをしたのは認めつつ、責任を他に転嫁することである（遅刻をしてしまったが、それは事故で電車が止まったからだ、等々）。それから、**否認**とは、そもそも自分が当該の行為をしたことを認めないことである。以上の整理の下では、謝罪以外の釈明はすべて、当該の行為についての自分の責任を認めない行為であるから、当然、このなかでは謝罪だけが赦しを目指す行為でありうることになる。[29]

タヴチズも、正当化や弁解（言い訳）との対比において、謝罪が相手の赦しを請い、和解

を目指す行為であることを強調している（Tavuchis 1991: 17）。

もちろん、赦しを目指すという目的が常に謝罪という行為に含まれているとは限らない。たとえば、赦してほしいという願望は一切なく、ただ相手に償いたいとか謝りたいという一心で行為する場合もあるだろう。

とはいえ、謝罪とは、爪を切ったり歯を磨いたりすることとは異なり、常に誰かに向けて行うものである以上、その誰かに対して何かしらの応答を求める行為としての側面をもっている――そして、その応答の一種として、赦しが含まれる――ということは確かだ。死者をはじめとして、応答できない相手に対して謝罪を行うケースも存在するが（この点については、後の第4章第2節であらためて取り上げる）、基本的に、謝罪は相手からの応答を引き出す行為だと言える。仮に、謝罪を相手が無視して立ち去ったとしても、それはそれでひとつの応答にほかならない。すなわち、謝罪を許さない（謝罪として受け入れない）という応答である。言語学者のM・C・グルーバーも強調しているように、いずれにせよ、多くのケー

表10／大渕（2010）における「釈明」の四分類

種類	内容
謝罪	自分が悪いことをしたのを認め、かつ、自分の責任を認める
正当化	自分のしたことはそもそも悪くなかったと主張する
弁解	自分が悪いことをしたのは認めつつ、責任を他に転嫁する
否認	自分が当該の行為をしたことを認めない

スで「謝罪は応答を求めている」（Gruber 2014: 148）のである。

相手の応答を求める行為には、命令、依頼、挨拶などさまざまな種類があるが、謝罪の場合は特にどのような応答を求めていると言えるのだろうか。前段落ですでに示したものも含めて、簡単に思いつくものを試みに列挙してみよう。

・赦す
・赦さないまでも、寛大さや慈悲を発揮する
・償いをする機会を与える
・約束を受け入れる
・謝罪として受け入れる（謝罪することを許す）

この、〈謝罪とは基本的に、相手に対して特定の種類の応答を求める行為である〉という点に絡んで、ひとつ微妙かつ重要な論点を提示しておきたい。自分が損害を与えた相手に対してこうした応答を求めることは、ある意味では利己的な振る舞いだとも捉えうる。そしてこのことは、特に〈重い謝罪〉に求められる誠実さという特徴とバッティングする可能性がある。つまり、そのような打算があるなら心からの真摯な謝罪とは言えないのではないかという疑念が、多かれ少なかれ生じうるのである。

たとえば先述のグルーバーは、アメリカの刑事裁判において被告人が行う謝罪に着目して詳細な分析を加えているが、彼女はそのなかで次のように指摘している。被告人が発す

る謝罪の定型句は、量刑を軽くするなどの寛大さや慈悲を発揮するよう裁判官に求めている、という風にしばしば受け取られる。被告人自身の真意はどうであれ、このことは当人の謝罪に利己的な動機の影をまとわせる。そして、「この利己性という特徴は、被告人が謝罪の言葉を発する際の誠実さ（sincerity）を損ない、その結果、謝罪自体の美点も損なってしまうように思われる」（Gruber 2014: 148）というのである。他方で、彼女はこうも分析している。被告人が「I apologize」などの定型句を並べることだけに終始せず、たどたどしい言葉の運びであっても自分自身のいまの思いを語ろうと努め、自分がいかに後悔しているか、自分が傷つけてしまった人のことをどう思っているかといったことを表現する方が、少なくとも公判の場では説得力を獲得しているというのである（ibid.: 149-154）。

確かに、「I apologize」や「謝罪します」、「申し訳ありませんでした」、「すみません」といった言葉は、謝罪を実行していることを明示的に表そうとする行為遂行的《パフォーマティブ》（本書15頁参照）な定型句である以上、これらの言葉を向けられた相手は、先に挙げたような何かしらの応答を直接求められているように感じるだろう。それゆえ、そこに、赦しや慈悲などを欲する利己的な動機を嗅ぎ取ることもたやすい。つまり、謝罪をしているというパフォーマンスないしアピールが前面に出すぎると、誠実さという要素がどうしても薄らいでしまうということだ。逆に、定型句に頼らず、自分の思いや認識、償いへの意志などを具体的に伝えようと努めるならば、その内容や姿勢によっては、相手から赦しや慈悲を引き出そうとする口先だけのパフォーマンスとしてではなく、真摯な謝罪として受け取られる可能性がむしろ高まるだろう。それゆえグルーバーは、「真摯（sincere）な謝罪の遂行には、ある種の感情の表示が伴う」（ibid.: 23）と強調するのである。

†自発的ないし自主的な行為

謝罪に求められる誠実さというものは、すでに本書で何度も言及してきたポイントだが、これに関しては節をあらためて主題的に取り上げる。その前段階として、本節では最後に、自発性ないし自主性と呼びうる謝罪の特徴に焦点を当てておきたい。

多くのケースで、謝罪は自発的に行うことが期待されている。たとえば、言語学者のマリオン・オーウェンは、「謝罪とは、周囲から促されることなく行うことが期待される類いの行為である」（Owen 1983: 136）と指摘している。謝罪は、自分がしでかしたことを誰も気づいていない段階で、その悪事の告白とともになされるような場合もあるし、また、先述の通り、相手からの釈明の要求――たとえば、「なぜドタキャンしたんだ?」といった問い――に対する応答としてなされる場合もある。そして、どちらの場合でも、謝罪は誰かに促されたり強制されたりすることなく、自発的になされている。

もちろん、実際にはこの〈自発的になされる〉という期待に応えられなかったり、あるいはそもそも応える気がなかったりするような謝罪も存在する。これまで何度か取り上げた『半沢直樹』最終話の土下座はその種の謝罪に当てはまるケースだが、ここではほかの例も考えてみよう。たとえば、ある小学生が友達に怪我をさせたとする。後日、その子は親に連れられて友達の家を訪れる。その子は悪かったとは思っているのだが、なかなか自分から謝ることができない。親はしびれを切らしてその子の頭をおさえつけ、無理矢理頭を下げさせる。こうした光景は特に珍しいものではない。

だが、このように強制的に行われる謝罪は、当然、その誠意に疑いが向けられうる。『半沢直樹』のケースは制裁や復讐といったものを目的とする謝罪だから、そこに誠意があるかどうかは問題ではない。だが、いまの小学生のケースではおそらく、できればその子が自分から頭を下げ、怪我をさせた友達に「ごめんなさい」と言うことが期待されている。つまり、たんに相手に対して悪かったと反省できるだけではなく、その思いを自発的に相手に伝えられることが望まれている。というより、相手からしてみれば、その子が自分から謝るかどうか自体が、その子が本当に悪かったと思って反省しているかどうかの大きな判断材料になるのである。

第3節

誠実さの要請と、謝罪をめぐる懐疑論

†自己利益の追求や危機管理のための戦略としての謝罪

前節では謝罪の重要な諸特徴をいくつか挙げて検討したが、そのなかで度々浮上してきたのが、謝罪の誠実さ、真摯さ、誠意の有無といったポイントである。謝罪は多くの場合、加害者の罪悪感や反省の念といった思いを被害者に伝えるものとなるし、また、それだけに、その思いが伝わるかどうか――あるいは、加害者が本当にその思いを抱いているかどうか――が、謝罪の成立や赦しの可能性にとってネックともなりうるのだ。

たとえば、重大な損害を被った被害者やその家族などが、加害者に対して謝罪を要求するときには、上辺だけの空虚な定型句を求めているわけではない。彼らは加害者に対して、たんに刑罰に服するとか賠償するというかたちで責任を負うだけではなく、責任を感じていてほしいと願う。[30]自分が何をしてしまったのか、自分が奪ったものがどれほど大事なものだったかを理解し、身に染みてほしいと願う。つまり彼らは、容易には変化しない内面のそうした変化が加害者にもたらされることを求める。そして多くの場合、その変化を認めることが赦すことの重要な条件となる。

しかし、謝罪をめぐる言説や議論のなかには、加害者のこうした真摯な思いという要素を括弧に入れたものが数多い。たとえば、大渕憲一も基本的には、従来の多くの社会心理学的研究や言語学的研究に則って、謝罪というものを自己利益的な目標を追求する類いの戦略的な行為として分析している（大渕 二〇一〇：93）。すなわち、罰や賠償などの不利益を回避するための危機管理的な戦略ないし手段として、謝罪を捉える立場である。

一見すると、謝罪はこれらの目的を追求するにはそぐわない、言うなれば高コストな行為であるかに思える。というのも、謝罪をすれば、罰を受けるとか賠償する責任を負うといったコストが確実に生じるからだ（同14）。したがって、人は合理的に考えれば、釈明行動のなかでは謝罪ではなく、弁解、正当化、否認の方を選択し、罰や賠償自体を避けることを試みそうなものだ。しかし、大渕が実際に国際的な調査を行うと、「この合理的予測とは反対に、問題状況で行為者が最もよく用いる釈明は、責任を受容する釈明、即ち、謝罪」（同90）だったという。「つまり、日本人に限らず、欧米人でも、被害事態への関与が疑われた行為者は、合理的予測に反して、責任否定ではなく責任受容的釈明（謝罪）を行おうとする」（同90―91）ということだ。大渕はこの点を次のように説明している。

謝罪を受けた被害者は不快感情を弱め、加害者に対して肯定的な印象を抱き、その結果、加害者を赦そうとします。加害者はこうした被害者の反応を予測し、それ故、被害者からの赦しを獲得し、罰や不利益を回避するためには謝罪が最も効果的であろうと判断しているのです。（同92）

謝罪を受けた被害者は不快感情を弱めうる、という点については、すでに第2章第2節で確認した通りだ（80―81頁）。また、のみならず、加害者が謝罪をしたという事実は、その人を赦すようにという周囲からの圧力を被害者に与えがちだとも言えるし、また、周囲も被害者自身も、加害者に対して〈誠実である〉〈責任感がある〉〈協調的な人間である〉といった肯定的な印象をもつこともありうる。人々はこれらの効果を予測し、罰や賠償の拡大を抑えられる――場合によっては赦され、罰や賠償を減免される――と信じている。大渕によればこれが、人々が謝罪を行う基本的な理由である。

もちろん、このような効果が常に期待できるとは限らない。弁解や正当化や否認を選択する方が、罰や賠償を回避できたり最小限に抑えられたりする効果が見込めることもあるだろう。だが、謝罪に比べて、これらの釈明行動は被害者や第三者の反発と不信を招きやすく、失敗すれば逆効果になるリスクもあるため、その成功可能性を慎重に検討する必要がある（大渕二〇一〇：106）。要するに、種々の釈明行動の間の利益やコストを比較したうえで、人々は多くのケースで謝罪という釈明行動を戦略的に選択しているというのが、大渕の基本的な説明にほかならない。

†謝罪の目的は相手に知られてはならない？——〈重い謝罪〉の基底にあるもの

確かに、自己利益を追求する戦略《ストラテジー》として謝罪が実行されているケースは実際に多いだろう。たとえば、自分自身は悪いとは思っていなくとも、罰や賠償を最小限に抑えるために謝っておく、といったケースである。

だが、大渕自身はここで次のように注意を促してもいる。釈明選択の戦略性という観点から謝罪を捉えると、深刻な「パラドックス」（同94）に迷い込むことになる。すなわち、加害者が謝罪する目的は、赦しを得るなどして罰や賠償を回避する（あるいは、それらを最小限に抑える）ことなのだが、当の目的が被害者や第三者に知られていると、目的を達成できないどころか逆効果にさえなりうる、という逆説的な事態である。

とはいえ、この事態が奇妙に思えるのは、人が謝罪をする目的は自己利益の追求に尽きるのであり、皆が常にそのことを了解している、と考えた場合に限られる。行為者の真の目的が相手に知られている場合、その目的を達成できないという構造は、嘘をつく行為全般に当てはまることである。自分では悪いと思っていないのに、誠実であるとか責任感があるとか思われることや、あわよくば赦してもらうことを狙って、「悪かった」「申し訳ない」と言い、その嘘がばれたら逆に誠実さを疑われる、というのは当たり前の話だ。

このことからはっきりと言えるのは、人が謝罪をする目的は自己利益の追求に尽きるわけではないと皆が了解している、ということである。言い換えれば、人は多くの場合、自分が本当に悪いと思っており、それを相手に伝えたいと思うから、自発的に謝罪を行う――あるいは、相手からそう期待されている――ということである。特に、〈重い謝罪〉の場合にはしばしば、本書の第1章第1節（19頁）以来繰り返し確認してきた通り、そうした誠実さや真摯な思いが真の謝罪の基底にあることが期待されている。

†真正の謝罪と表面的（打算的、戦略的）な謝罪、そのグラデーションと混交

実際、大渕も、謝罪の戦略的な側面に主軸を置いた議論を展開しつつ、同時に、謝罪には「真正の謝罪」と「表面的（打算的、戦略的）な謝罪」の二種類があるとも強調している。大渕によれば、「真正の謝罪とは、人に迷惑をかけたことを心から済まないと思い、加害者が自責の念や罪悪感を持って行う謝罪」（大渕二〇一〇：10―11）のことであり、「このタイプの謝罪は、「被害者の苦痛を癒したい」「被害を償いたい」という気持ちから自発的

に行われ」（同）るものである。そして、実際にこのタイプの謝罪を実行していると被害者が信じるならば、謝罪を受け入れてもらいやすくなるし、赦される可能性も出てくる。逆に、「打算的な謝罪と知覚されると、むしろ罰は重くな」（同110）る傾向がある。

しかし、「真正の謝罪」と「表面的（打算的、戦略的）な謝罪」はしばしば見分けがたい。この点について大渕は、「真正さあるいは戦略性という性質は程度の問題」（同96）だと指摘している。すなわち、謝罪は真正なものと戦略的なものの二種類に明確に分けられるようなものではなく、どの謝罪にも多かれ少なかれ両要素が含まれており、戦略性が非常に希薄な謝罪から、その要素が非常に濃厚な謝罪まで、さまざまなグラデーションがあるというのである。確かに、心から謝罪している場面でも、そこに多少なりとも演技的な要素が含まれているとは言えるかもしれない。つまり、罪悪感や反省の念といったものが自分の内面から勝手に（自然に）噴き出している、というよりも、自分の思いを相手に伝えるために幾ばくか大げさに表現している、という面は見出せるかもしれない。とはいえ、全く打算的要素のない謝罪が存在することも否定できないだろう。[31] まして、全く悪いと思っていない見せかけの謝罪が行われているケースは、もっとありふれているはずだ。

いずれにせよ、問題は、ある謝罪が真正なものか否かは実践的にはきわめて重要であるにもかかわらず、そこに白黒をつけるのは原理的に難しい、ということである。たとえ、本人は心から謝罪していても、周囲はそう見ないで、打算があるはずだ（あるいは、打算の要素がきわめて濃いはずだ）と邪推されることもあれば、逆に、本人は心にもない謝罪の言葉や態度を戦略的に表しているのに、周囲は真心からのものと受け取ることもある（同109）。では、いまこのときの謝罪は本物なのか、そうでないのか。——謝罪は往々にして、加害者の真情にまつわるこの種の懐疑論に悩まされるのである。

懐疑論は、謝罪のさまざまな局面に影を落とす。本当に申し訳ないと思っているときですら、そのことを相手に伝えるという行動に出るのは、結局のところ本人が楽になりたいだけではないか——その意味でやはり、自己利益を追求する利己的な行為になっているのではないか——という種類の疑いが、他者から向けられるだけではなく、自分自身の内面にも生じることがある。このように、謝罪をめぐる懐疑論はかなり根深いものだが、それは、謝罪の誠実さに対して人がもつ深い関心の裏返しでもあるのだ。

キャスリーン・ジルは、謝罪と真に呼べる行為は誠意ある（sincere）ものでなければならないという前提の下に、謝罪に関する独自の議論を展開している（Gill 2000: 14-15）。謝罪には儀礼的な〈軽い謝罪〉もあれば、制裁や処罰の要素が濃い謝罪もあることに鑑みれば、この前提は適当なものとは言えない。しかし、特に〈重い謝罪〉の多くで、誠意があると認めうるか否かが決定的なポイントになることも確かだ。そして、だからこそ、謝罪には運命的に懐疑論の影がつきまとうのである。

†「誠意って、何かね」——おわびの印・誠意の証としての償い、再訪

以上の論点をよく表している例として、テレビドラマ『北の国から'92巣立ち』後編（フジテレビ系列、一九九二年五月二三日放送）において、謝罪の誠意が焦点化されている場面をここで取り上げてみよう。

この物語の主人公である五郎は、北海道の富良野に暮らしており、貧窮のなかでも、手作りで丸太小屋を建てることに情熱を燃やしている。彼には、純という二十歳そこそこの息子と、それより二歳ほど年下の、螢という娘がいる。息子の純は東京で働いているが、付き合っている同年代の女性タマコが自分の子どもを妊娠し、それから純はタマコを避けるようになる。その後、タマコは自分で堕胎を選択する。純は、タマコが親代わりとして身を寄せている彼女の叔父に呼び出される。純は、「すみません、僕……」と言うや否や、その男性に殴られる。そして、父である五郎の連絡先を書かされる。

連絡を受けた五郎は、すぐに東京に駆けつける。そして、落ち込む純を元気づけようと、少しおどけたような軽い調子で、次のように語りかける。

謝っちゃお、とにかく。なに言われても絶対に逆らわず、ひたすら謝ろう。ね、ね。二人で謝ればなんとかなるさ。しょうがないじゃない。それっきゃ仕方がない、ね。

お父さん、謝るのは年季が入っているから（笑）。真似してなさい、父さんのやる通りに。

二人はタマコの叔父に会いに行く。自分の作ったかぼちゃを五個持参し、純とともに土下座をし続ける五郎に対して、その男性は、「芝居じみた真似はもうやめてくれ」と言う。五郎の生活が相当苦しいことは理解し、「あんたはとにかくすっ飛んできた。それもあんたの誠意なんだろう」とも言う。しかしそのうえで、五郎に対してこう語りかける。あんたの娘がタマコと同じ立場に置かれたと想像してくれ。自分の娘が、誰にも相談できずに恥を忍んで産婦人科を調べ、ひとりで出かけて、診察台に乗る。「そのときのことを本気で想像しろ」、そう声を強めて言う。そして、こう続ける。

あんたは、さっきから「誠意」と言ってる。あんたにとっては、こうやってることが精一杯の誠意かもしれんが、こっちの側からは誠意にとれん。
誠意って、何かね。あんたにとっては、遠くから飛んできて、恥を忍んで頭を下げてる。それで気持ちは済むかもしれんがね。

そのときその場で、恥を忍んで土下座をし続け、それでけじめをつける――五郎の謝罪に軽さを見て取った彼は、謝罪を拒絶する。北海道に戻った五郎は、彼の「誠意って、何かね」という言葉をことあるごとに反芻していたが、やがて意を決し、丸太小屋を建てるために大事に手入れをしてきた虎の子の材木をすべて売り払う。五郎はそうして百万円の現金をつくり、タマコに送る。彼女は「お気持ちだけは頂きましたから」と言い、「気持ちは分かったから、お互いこのことはもう忘れましょう」という叔父の言葉も伝えて、百万円をそのまま返した。

　このことによって、赦しや和解と呼びうるような関係の修復がなされたとは言えないかもしれない。ただ、タマコもその叔父も、五郎の誠意をそれとして認め、謝罪を受け入れたことは確かだ。そしてその理由は、かぼちゃ五個という現物ではなく百万円を積んだからという、単純な金額の話ではないだろう。そのお金を用意することが、五郎にとってどれほど大変で、どれほど身を切ったかが分かるからこそ、そこに誠意を認めたのだろう。その意味で、ここでの百万円の償いはまさに「おわびの印」ないし「誠意の証《あかし》」（本書65—66頁参照）という象徴的な意味をもっている。そして、それとは対照的に、五郎たちが当初行った土下座は、〈謝っている自分たちの気持ちが済む〉〈このけじめやみそぎさえ済ませれば自分たちが楽になる〉という利己的な意味合いでしか相手に解釈されなかったのである。

　先にも触れた通り、謝罪するという行為には、罰や賠償を避けるためという意味での利己性だけではなく、楽になるためという意味での利己性も見出すことができる。「すみません」という言葉が元々は「自分の気持ちが済まない、収まらない」ことを表すという点も、すでに確認した通りだ（本書41頁参照）。謝罪は、私《わたくし》のない誠実さがしばしば求められるものでありながら、そこには利己性が深く刻印されてもいるのだ。そして、そうであるからこそ、誠意の証を示すことによって誠実さに対する懐疑を振り払うことが多くのケースで必要になるのである。

†本章のまとめと、次章の展望

この第3章の締め括りに、本書でここまで跡づけてきた謝罪の重要な諸特徴を表にまとめておこう（次々頁の表11）。

本章では、花瓶事例や強盗事例、あるいは電車事例といった、謝罪ということですぐに思い浮かぶような類型的な事例によく適合する諸特徴を掘り下げてきた。そしてそれらは、ある種類の謝罪には当てはまるものの、別の種類の謝罪には当てはまらないという意味で、謝罪にとって「本質的」とは言えないものだった。実際、表11に挙げる特徴のいずれかを含まない謝罪は無数に存在する。したがって、それこそ実践的に重要と言えるのは、自分がいま行おうとしている謝罪——あるいは、自分がいま求めている謝罪——の特徴をちゃんと把握するということだ。すなわち、その謝罪が種々の特徴のうちのどれとどれを含み、さらに、どの特徴が特に焦点となっているかを明確に理解することは、適切な謝罪を行うための大事な足掛かりとなるだろう。

次章では、花瓶事例や強盗事例といった例では目立たないが、謝罪について考えるうえで不可欠とも言える別の諸特徴、すなわち、すべての謝罪に当てはまるような特徴を、いくつかの新たな例を通して浮かび上がらせることにしよう。あらかじめ先取りして挙げるならば、その特徴とは、「当事者性」および「コミュニケーションの起点」である。これらの特徴は、謝罪だけではなく、弁解や告白、あるいは呼びかけや感謝等々、他の多くの種類の行為にも同様に認められるものであるから、その意味で、やはり謝罪にとって「本質的」と言えるものではない。すなわち、これらの特徴だけで謝罪という行為の特異性が浮き彫りになるわけではない。しかし、これらの特徴に全く目を向けないとすれば、謝罪のきわめて重要な側面を見失うことにもなる。その点を次章で明らかにしたい。

表11／謝罪の重要な諸特徴と、それが当てはまらない謝罪の例

特徴	左の特徴が当てはまらない謝罪の例
自分自身の分割(or 分割の意志の提示) 【例】「あれはほんの不注意でした」、「あのときの自分は未熟でした」、「あのときの自分はどうかしていました」、など	・自分は不注意な人間だと自覚している人が、自分の不注意について謝る ・大きなリスクを覚悟のうえで事業を起こして失敗した起業家が、自分は今後も変わらないと宣言しつつ、自身の因果責任を認めて謝る、など
謝罪の内容となる出来事の認識	・次の第4章の例
自己への責任の帰属	・次の第4章の例
後悔・自責	・上記の起業家の例
被害者への償い（or 償う意志の提示）	・〈軽い謝罪〉を行う ・謝罪のなかで更生を約束する ・次の第4章の例
未来への約束 【例】「もうしません」、「次はします」など	・〈軽い謝罪〉を行う ・老人が今際の際に、過去に自分が犯した罪を告白して被害者に謝る、など
道徳へのコミットメント、正義の修復 【例】「約束をやぶってごめんなさい」、「嘘をついてごめんなさい」、など	・ある家に強盗に入った二人組のうちの一方が、その手際の悪さを相手に謝る、など ・次の第4章の例
被害者の修復 ※詳細は前掲の表7（96頁）参照	・謝罪では被害者の心は晴れず、むしろ空しさや遣り切れなさに苦しむ、など
加害者の修復（良心の呵責・罪悪感・恥の意識の軽減、尊厳の回復、コミュニティや地域社会への復帰・参加、肯定的な人物評価の獲得）	・謝罪によって加害者が多大な罰を受けたり、多大な賠償の責任を負ったり、プライド（面子、体面）が傷ついたりするケース全般
人間関係の修復（および、コミュニティ・地域社会の修復）	・制裁や処罰などを受けるという意味で謝る ・同害報復による正義の実現・修復の一環として謝る、など
赦されることの追求、応答の要求 【例】「ごめんなさい」、「お赦しください」、「Excuse me」、など	・ただ相手に謝りたいとか償いたいという一心で謝罪する ・応答できない相手や応答を期待していない相手（死者など）に対して謝る、など
自発性ないし自主性（誰かに促されたり強制されたりしたものではないこと）	・「謝れ」といった相手の要求に従って謝る ・親に頭をおさえつけられて（あるいは、親のしぐさの真似をして）謝る、など
誠実さ（真摯さ、誠意があること）の要請	・〈軽い謝罪〉を行う ・制裁や処罰などを受けるという意味で謝る

第４章

謝罪の全体像に到達する

第1節

非類型的な謝罪は何を意味しうるのか

†反道徳的な謝罪の別のかたち――トラック事例①

本書のこれまでの議論ではまだ十分には浮かび上がっていない、謝罪の重要な特徴がある。そしてそれは、謝罪のすべてに当てはまるものだ。それが何かを明らかにするために、次のようなケースを考えてみよう。このケースは、哲学者のバーナード・ウィリアムズが簡潔に提示した例（Williams 1981: 28/46）を下敷きに、彼の論点を浮き彫りにするためのアレンジを加えたものである。[32]

【トラック事例】ある男性が、仕事でトラックを走らせているとしよう。彼はずっと完璧な安全運転をしていたのだが、道路脇の茂みから急に飛び出してきた子どもと衝突してしまう。彼はすぐに車を止めて救急車を呼んだが、治療の甲斐なく、その子どもは数時間後に病院で亡くなってしまった。

　トラックにはドライブレコーダーが搭載されており、また、街の防犯カメラの映像も残っており、事故の様子がよく記録されていた。それを誰がどう見ても、子どもが飛び出すことをトラック運転手が予見することは不可能だったし、衝突を回避することも不可能だった。それゆえ、彼は誰にも非難されず、罪にも問われなかった。しかし、彼はこのことを頭では分かっていてもひどく落ち込み、自分はなんてことをしてしまったんだ、とか、子どもを轢いて死なせてしまった、などと思う。意を決した彼は、その子の葬儀に出席し、はじめて対面した遺族に対して「すみませんでした」と語りかけて、頭を下げた。


まず言えることは、このトラック運転手による謝罪は道徳的な原則や規範に従ったものではない——その意味で、反道徳的である——ということだ。

　一般に、人が過失を犯したと認定されるのは、(1)ある出来事が起こるのを予見することができ、かつ、(2)それが起こるのを回避することもできたのに、(3)回避するのを怠《おこた》った、という場合に限られる。そして、この条件の背景にあるのは、〈人に道徳的な義務として課したり、道徳的な評価の対象としてよいのは、その人にとってコントロール可能な行為でなければならない〉という、皆が自ずと受け入れている原則である。

この原則はしばしば、**「すべき」は「できる」を含意する**というかたちで端的に表現されるものだ。たとえば、海で子どもが溺れていたとしよう。このとき、自身も泳げないために助けに行かなかった人に向かって、「あなたは子どもを助けに行くべきだった」と非難するのは不合理だろう。同様に、誰かが事故を引き起こしたと非難することができるのは、その誰かが当該の事故を予見したり回避したりすることが可能だった——状況をコントロールして事故を防ぐことが可能だった——という場合に限られるはずである。

しかし、このトラック運転手には、そうした**コントロール可能性**——予見可能性と回避可能性——がなかったわけであるから、今回の事故に関しては責任を負う必要はないし、そもそも、責任を負うべきではないということになる。実際、彼は事故の件で誰からも非難されていない。にもかかわらず、彼は自責の念に駆られ、子どもの遺族に会って謝罪している。それゆえ、彼の行動は、強盗がその手際の悪さを謝る（本書146頁参照）といった意味で反道徳的であるわけではないが、それでも、別のかたちで道徳的な原則・規範に反した謝罪ではあるのだ。

†後悔（自責）の二種類のかたち——トラック事例②

このようにトラック事例は、前章で取り出した謝罪の諸特徴のうち、〈道徳へのコミットメント〉に適合しないケースだと言える。だが、この事例が示す重要なポイントはこれだけではない。

道徳的には（そして法的にも）非難されず、責任を負うべきでない事故について、このトラック運転手が謝罪を行ったのは、はたして不合理な振る舞いなのだろうか。彼は、見当違いなところで自分を責め、責任を感じているのであって、つまりは頭が混乱しているということなのだろうか。実際、我々がたとえば彼の友人であったとすれば、当然のことながら、「君のせいではない、自分を責めるんじゃない」とか、「仕方なかったじゃないか、気持ちを切り替えよう」などと慰めるだろう。

しかし、時間をかけてようやく立ち直る、というのならともかく、その慰めによって彼がすぐに納得し、「確かに言われてみればその通りだ。そうだよね、不運な出来事が起こっただけだよね」とケロリと立ち直るとすればどうだろうか。我々はそれはそれで不可解に思い、彼に対して不信を抱くことだろう。

ウィリアムズがこのトラック事例を議論の俎上に載せたのは、まさにこの点に注意を引くためである。彼は次のように論じている。

このトラック運転手に対して人々は、疑いなく、そして正しくも、彼を慰めようとして、彼の心の状態を、後悔（agent-regret）を感じている状態から、傍観者的な心境に近い状態まで移行させようと試みるだろう。しかし、重要なことは、我々はそうした慰めを試みることを必要と見なす一方で、その運転手があまりに淡々とたやすく傍観者的な立場に移るようであれば、彼に対して何らかの不信を抱くだろう、ということである。我々はその運転手を気の毒に思うが、その感情は次のような理解と共存しており、実際のところ、その理解を前提にしている。すなわち、この出来事に対する彼の反応には何か特別なものがあり、それは、たんに「自分の過失ではない」と考えることによって取り除くことができないようなものだ、という理解である。(Williams 1981: 28/46-47)

本書ですでに何度か確認したように(43、129頁)、英語の「regret」という言葉は、文脈に応じて、(1)ある出来事について残念に思うという意味と、(2)その出来事の生起に深くかかわる自分の行為を後悔するという意味の、二種類の意味をもちうる。右の引用においてウィリアムズはまず、後者の(2)の意味をもつ regret を「agent-regret」つまり「行為者の regret」と表記することによって、両者の意味の違いを明確にしている。

子どもとトラックが衝突する交通事故を目撃した傍観者は、この出来事が起こったことを残念に思う(regret)だろう。だが、件《くだん》のトラック運転手はたんに残念に思うだけではなく、「あのとき、自分があの道を通らなければ……」とか、「あの日に運転さえしなければ

表12／事故について「残念に思う」ことと「後悔する」ことの区別

	残念に思う（regret）	後悔する（agent-regret）
過失による事故の事例	行為者と傍観者がともに抱く感情：「なんてことが起こってしまったんだ……」、「車が通るタイミングと子どもが飛び出すタイミングが少しでもずれていれば……」	行為者のみが抱く感情：「自分がもっと注意して運転していれば（法定速度を守っていれば、等々）、事故を避けることができたのに……」
トラック事例	同上	行為者のみが抱く感情：「（悔やんでも仕方がないが）あのとき、自分があの道を通らなければ……」、「（悔やんでも仕方がないが）あの日に運転さえしなければ……」

ば……」などと悔やむ（agent-regret）だろう。ウィリアムズがまず強調するのは、この違いである。

ただ、注意が必要なのは、このトラック運転手が抱く後悔の感情は、たとえば不注意などの過失によって交通事故を起こした人が抱く後悔の感情とは内容が異なる、ということだ。過失による交通事故の場合、ドライバーは、「自分がもっと注意して運転していれば、事故を避けることができたのに……」という風に後悔する。つまり、自分には予見可能性も回避可能性もあったにもかかわらず事故を起こしてしまった、ということを後悔する。それゆえこのドライバーは、この事故に関する因果責任があることを同時に自覚する。また、彼以外の人々も、彼を道徳的にも法的にも非難し、処罰や損害賠償などの責任をとることを求めるだろう。

他方、件のトラック運転手は、事故が起こることは自分には回避できなかったということを知っている。今回の事故は、誰もが認める完全に不運で不幸な出来事だったのだ。したがって、「あのとき、自分があの道を通らなければ……」という後悔も、悔やんでも仕方のない反実仮想的な願いを抱いているに過ぎない。だからこそ、我々は彼に対して、「仕方なかったじゃないか」と慰めたり、「君のせいではない、自分を責めるんじゃない」などと勧めたりするのである。

†かけがえのない経験をした当事者のみが抱きうる後悔——トラック事例③

問題は、彼がその勧めに本当に従って、あまりに淡々とたやすく立ち直ったとしたら、我々は彼に対して不信を抱くだろう、ということだ。これは、我々の言動が一貫していないとか、頭が混乱しているという話なのだろうか。

そうではない。先の引用の後半部でウィリアムズが指摘している通り、我々が彼のことを気の毒に思うのは、彼が純然たる不運に巻き込まれたからだけではない。仕方がなかったと割り切ろうにも、どうしても、「あのとき、自分があの道を通らなければ……」などと悔やまずにはいられない彼の心境、「自分はなんてことをしてしまったんだ」と自分を責めずにはいられない彼の心境が、よく理解できるからだ。我々は自然とこう想像する。自分が彼の立場だったら、やはり相当つらいだろう。なにしろ、子どもと衝突したそのトラックは、ほかならぬ自分が運転していたのだ。だから、「自分が子どもを轢いて死なせてしまった」という思いから容易には離れられないだろう、と。

我々には、この事故に対する彼のかかわりがあまりに深く、特別であり、それゆえ、この事故に対する彼の反応も特別なものになることが、よく理解できる。彼は、この事故に関して他の誰とも置き換えのきかない経験――（文字通りの意味で）かけがえのない経験――をしており、その意味で、轢かれた子どもと共に、この事故の最も重要な当事者である。そして、当事者としての彼が抱く後悔や自責の念は、たんに「この事故は自分の過失ではない」と考えることによって簡単に取り除くことができるようなものではない。――我々は、このような理解を前提にして彼を慰める。それゆえに、その慰めによって彼がケロリと立ち直るとしたら、すなわち、事件に関して後悔を感じている当事者としての心境から、事件をただ残念に思うだけの傍観者的な心境に淡々とたやすく移行するとしたら、それはおかしいのではないかと思い、彼に対して不信を抱くのである。

†当事者性の由来と、その不明瞭さ――トラック事例④

彼は、この事故の最も重要な当事者のひとりである。これはなにも、事故の発生時にそこから最も近い距離にいたという、単純な空間的近接性によるのではない。仮に、そのトラックの助手席に彼の同僚が乗っていたとしても、その同僚は彼のような後悔（agent-regret）の感情に苦しむことはない。なぜなら、同僚は運転という行為をしておらず、たんに最も間近で事故を目撃したに過ぎないからだ。

　だとすれば、このトラック運転手の深い当事者性は、自分が運転した車が事故を引き起こした、という点から来ているのだろうか。ある意味ではそうだが、別の意味ではそうではない。これが最も微妙なポイントだ。

　確かに彼は、「自分はなんてことをしてしまったんだ」、「自分が子どもを轢いて死なせてしまった」という風に事故を回顧している。ただしこれは、道徳的ないし法的な因果責任が彼にあるということではない。この事故に関して彼にはコントロール可能性（＝予見可能性＋回避可能性）がなく、それゆえ、彼には何の咎《とが》もないからだ。つまり、この事故が彼の過失によって引き起こされたものではないという意味では、彼がこの事故を引き起こしたわけではない[33]。

　しかし、彼が車を運転し、その車が子どもと衝突し、その子どもが亡くなってしまったということは確かだ。この出来事と、車を運転するという彼の行為があまりに深く関連しており、まさに因果的に直接の結びつきがあるがゆえに、彼自身も第三者も、彼を少なくとも当事者として認識しないではいられないのである。したがって、たとえばトラックの接近によって鳥が驚いて飛び立ち、隣の車線の車に衝突してその車の運転手がハンドルを歩道に切り、歩道にいた子どもをその車が轢いた、といった複雑な因果連鎖が介在するような場合には、このトラック運転手は、「自分が子どもを轢いてしまった」という思いに囚われることはなかっただろう。

では、自分の行為と当該の出来事の間の因果的な結びつきがどれほど接近すれば、あるいは、どのような種類の結びつきになれば、人はその出来事を当事者として受けとめるようになるのだろうか。それは本質的に不明瞭であり、人や状況によって変わりうる。何らかの明確な基準によってあらかじめ客観的に線引きができる種類のものではないのである。

†因果責任とも役割責任ともつかない責任――トラック事例⑤

トラック事例において、「あのとき、自分があの道を通らなければ……」と悔やみ、「自分が子どもを轢いてしまった」と自分を責める運転手は、子どもの葬儀に出席してその子を悼み、遺族に対して「すみませんでした」と語りかけ、頭を下げた。このとき彼は、因果責任とも役割責任ともつかない微妙な責任をとったと言えるだろう。

因果責任とは言いがたいのは、先述の通り、事故に先立つ彼の行為には何の咎もないからだ。つまり、彼が非難されるべき誤った行為を行い、その行為が事故を引き起こした、というわけではない。しかし、まさに彼が運転していたトラックが子どもと衝突したのであり、彼が運転しなかったら事故も起こっていなかった、ということも確かだ。その意味で、「なんてことをしてしまったんだ」と彼が自責の念に駆られるのも無理はない。

では、彼が子どもの葬儀に出て謝罪したのは、役割責任をとったということなのだろうか。ある意味ではそう言えるかもしれない。というのも、彼はおそらくこう考えたであろうからだ。道徳的・法的な責任はないとはいえ、自分は事故と最も深いかかわりのある当事者として、他の人々と置き換えのきかない位置にいる。そうである以上、子どもを悼み、祈り、遺族に対して何かしらのことをしないではいられない、と。

ただしこれは、〈道徳的ないし法的な義務として一般に果たさなければならないこと〉としての役割責任ではない。すなわち、こういう場合は誰もが葬儀に出席しなければならないとか、遺族に会って謝罪しなければならないということではない。あくまでも、彼は自分個人の思いに基づき、自分の判断で行動しているのである。

我々はこう想像するだろう。自分が彼の立場であったら、どれほど強い後悔や自責の念に沈み、いつまで深く落ち込むだろうか。周囲からどれほど慰められ、どれほどの時間が経てば、事故のことを吹っ切れるようになるのだろうか。また、自分であれば子どもの葬儀に行き、遺族に会って頭を下げるだろうか。行こうと思いつつ、足が向かないかもしれない。あるいは、そこまでする必要はないと思うかもしれない。——このトラック事例は、過失を犯した者が一般にすべきことをめぐる道徳的な事例ではないから、以上の点は人によってさまざまに異なっていてよいし、実際に異なるだろう。つまりこれは、自分自身がどういう人間であるか、どういう人間でありたいか、どういう人間だと思われたいか、といったことをめぐる問題でもあるのだ。

†〈軽い謝罪〉とも〈重い謝罪〉ともつかない謝罪——トラック事例⑥

このように、トラック事例における謝罪は、件の運転手が事故の当事者として感じている責任——因果責任とも役割責任ともつかない曖昧な責任——をとることの一環として特徴づけられる。

では、この謝罪は、〈軽い謝罪〉だろうか、それとも〈重い謝罪〉だろうか。実際のところどちらとも言いがたい。この運転手が、一応の礼儀として「すみませんでした」と言い、頭を下げただけであるのなら、そして、遺族の側もそれに対して会釈を返し、それっきり両者が接触することがないとしたら、それは〈軽い謝罪〉に近づくようにも見える。

しかし、少なくとも遺族の気持ちは、それだけでは済まないだろう。すなわち、彼からの謝罪によって遺族の心が晴れるわけではなく、その後も遣り場のない気持ちに長く苦しむだろう。また、遺族は謝罪に対して必ずしも会釈を返すだけだとは限らない。たとえば、「謝罪なんてとんでもないです。謝る必要などありません。来てくださってありがとうございます」などと応答するかもしれない。あるいは、お礼を言いつつ、「どちらもつらいですから、もうお会いしない方がよいでしょう。お互いのことは忘れましょう」などと言うかもしれない。あるいはまた、彼に責任はないと分かっていても感情を抑えられず、「あの子を返してくれ！」といった、相手を責める言葉を投げつけるかもしれない。

また、運転手の方も、葬儀の場で遺族に対して謝罪するだけではなく、その後、遺族に弔慰金を送ったりするかもしれない。あるいは、子どもの墓参りを何年も続けるかもしれない。そのような場合、彼の謝罪は〈重い謝罪〉に近づくようにも思われる。

彼の謝罪が軽いものとなるか、それとも重いものとなるか、それは事故の重みだけでなく、彼や遺族の人物次第でもあるし、彼らがそれぞれ謝罪の後で何をし、何を思い、また、彼ら同士がどうかかわり合うか次第でもある。むしろ、ここで着目すべきなのは、運転手による謝罪は彼らのコミュニケーションの起点として機能するということだ。彼らは葬儀の場ではじめて接触した。そして、彼らの交流はそれだけで終わるかもしれない。あるいは、長くやりとりが続くかもしれない。いずれにせよ、運転手による謝罪という行為は自ずと遺族の応答を求めることになり、遺族がどう応答するかに応じて、そこに多様な関係性が構築されうることになるのである。

†単純な図式では捉えられない謝罪のかたち――トラック事例⑦

本節ではここまでトラック事例を詳細に分析してきた。このケースにおける謝罪は、過失の成立要件となるコントロール可能性（＝予見可能性＋回避可能性）が行為者に認められないものであり、それだけに、道徳的ないし法的な責任についての分かりやすい単純な図式――それは、本書においても「役割責任」と「因果責任」の区別というかたちで受け入れてきたものだ――では捉えることができない。言い換えれば、件の運転手の謝罪は因果責任をとっているとも役割責任をとっているとも言いがたい。またそれは、〈軽い謝罪〉とも〈重い謝罪〉とも言いがたい。

トラック事例における謝罪の微妙さや複雑さは、謝罪に対する応答に関しても当てはまる。たとえば、遺族が「謝罪なんてとんでもないです。謝る必要などありません。来てくださってありがとうございます」と応答したとするなら、その遺族は謝罪を拒絶したのだろうか。すなわち、彼が謝罪することを許さなかったのだろうか。それとも、彼の謝罪を受け入れて、彼を赦したのだろうか。

どちらでもない。おそらく、遺族はこのとき、彼の心情――車を運転していた当事者としての苦悩、自分を責める気持ち、子どもを悼む心境、遺族への思い遣り、など――を汲み取って、〈謝罪する側とされる側〉というものとは異なる関係性において彼と向き合いたいと望んだのだろう。そして、それもまた、謝罪という行為がもたらしうる帰結のひとつなのである。

前章第1節で紹介した五種類の「謝罪を構成する不可欠な要素」（132頁）のうち、トラック事例の謝罪はまず、(2)「自己への責任の帰属」という要素にうまく適合しない。というのも、件の運転手は通常の意味での因果責任を（それから、役割責任も）自己に帰属させていないからだ。また、それゆえ、(3)「後悔・自責」という要素に関しても、彼は自分が事故を回避することができたという意味で悔やみ、自分を責めているわけではない。そして、(4)「被害者への償い」についても、彼と子どもや遺族はそもそも加害者と被害者の関係ではないし、彼の謝罪は儀礼的なレベルで終わる可能性もあるのだから、いずれにしてもトラック事例にこの要素は含まれない。

だが、トラック事例は、謝罪の類型的な分析を錯綜させるだけのトリッキーな例外的ケースだというわけではない。このケースと同様に、先述の五要素の多くがうまく適合しない謝罪はさまざまに存在する。たとえば、予期も予防もしがたい病魔に襲われ、死期が近づいた親が、子どもに対して本当に悪いと思って、「君を残して去ることを赦してほしい」とか、「君の成長を見守ることができなくて、ごめんなさい」などと語りかけることはあるだろう。また、ある医師が治療に必死に取り組み、瑕疵《かし》なく、やれる限りのことはやったが、無念にも患者を助けられなかったとき、真摯な思いから、その患者の家族に対して「力及ばず、すみません」という言葉をかけることもあるだろう。

これらは決して奇妙な例ではないし、また、特殊な例でもない。そして、これらの例には(4)「被害者への償い」という要素は含まれないし、(2)「自己への責任の帰属」や(3)「後悔・自責」という要素も、少なくとも素朴なかたちで帰属させることはできない。というのも、これらの例において親や医師が感じている後悔や責任は、〈自分にはこの事態が回避できたのに、しなかった〉というものではないが、他方で、親や医師としての役割を果たせないということだけを純粋に残念に思ったり悔しく思ったりしているわけでもないからだ。そこにはやはり、自分がそれまでにしてきたことや、できなかったことに対する感慨があり、そのうえで生まれる思い――「ごめんなさい」や「すみません」や「申し訳ありません」といった言葉を用いるのが最も自然であるような思い――が確かに存在するのである。(なお、このうち後者の医師の例に類するものについては、後の第3節で主題的に取り上げる。)

この複雑な社会で人々が現実に行う謝罪は実に多様であり、いくつかの単純な類型を取り出しても、そこからこぼれ落ちるケースが数多く出てくる。そのようなケースを例外として謝罪の分析から捨象してしまえば、我々の生活のなかに息づく謝罪の実践の多くを無視することになるだろう。

†当事者性という特徴、コミュニケーションの起点としての機能――トラック事例⑧

また、それだけではなく、トラック事例をはじめとする非類型的な謝罪に注目することで照らし出されるような、謝罪のすべてに当てはまる重要な特徴――ただし、他のさまざまな種類の行為にも同様に当てはまる特徴――も存在する。本節の主要な目的も、それを明らかにすることだった。振り返ってみよう。

(1) **当事者性**：いかなる謝罪に関しても、それを行う者は、謝罪の内容となる出来事と一定の深いかかわりがある当事者だという意識をもっているはずだ。

もっとも、この場合に「当事者」として括ることのできる人の範囲は相当曖昧だ。謝罪する側について言えば、たとえば先述の『北の国から'92巣立ち』の五郎のように、子の不祥事に関して親として責任をとって謝罪するケースがある。また、逆に、親のことで子が謝罪するケースもあれば、部下の不祥事で上司が謝罪するケースもある。(それから、謝罪される側に関しても、直接の被害者だけではなく、その家族や恋人なども当事者に含まれうるだろう。こうした種類の曖昧性に関しては、次の第2節で詳しく取り上げることになる。)

いま、トラック事例に絡んで目を向けたのは、ある出来事に関して、たとえ因果責任や役割責任が存在しなくとも、誰かがその出来事にまつわる当事者であることを自他が認める、というケースだ。すなわち、その当人の行為なしにはその出来事が生じなかったというケースをはじめとして、当人と出来事の間に特に深いかかわりがあることが認められる場合があるのだ。

このような場合、その当人は、「自分があのときあれをしなければ（あれをしていれば）

……」と悔やんでいる。その者は、問題となる出来事に関して他者と置き換えのきかない経験をしており、その出来事に対して自分だけがとりうる視点（非傍観者的視点）から、自分だけが抱きうる感情を抱いている。そして、当該の出来事が生じることによって重大な損害を被った者に対し、その思いを気遣いつつ、自分の思いを伝えることを欲して——あるいは、伝えないではいられなくなって——謝罪を行うのである。（もっとも、謝罪する者が上述の種類の「自分があのとき……」という後悔や自責の念を抱いていないケースも数多く存在する。それはたとえば、128頁で取り上げた起業家の例や、あるいは、後の第2節や第3節のなかで取り上げる種々の例である。）

(2) **コミュニケーションの起点**：謝罪という行為は、それをする側とされる側のコミュニケーションの起点として機能する。そしてこれも、あらゆる謝罪に当てはまる特徴だ。

謝罪は、対面であれ謝罪文の送受といったかたちであれ、特定の人々の間——多くの場合、加害者と被害者をはじめとする当事者の間——に、直接の接点をつくる。（あるいは、両者にすでに人間関係が存在したのであれば、そこに新たな接点を付け加える。）

そして、謝罪を通じて両者は、当該の出来事を互いがどう理解して受けとめているか、その認識の内容を多かれ少なかれ知ることができる。たとえば、トラック事例の運転手が葬儀の場を訪れて謝罪をしたとき、遺族はその事実から、また、そこでの彼の言葉や態度、表情などから、今回の事故が彼にとってどのような出来事であったか、彼が自分の問題として事故をどれほど深刻に受けとめているかについて、多少なりとも知ることができるだろう。また、運転手の側も、謝罪に対する遺族の応答の様子から、遺族にとって今回の出来事がどれほど重大なものであるかを確認するだろう。

そして両者は、そのような互いに対する理解を基礎にして、コミュニケーションを試みることができる。前章第2節で確認したように（151―152頁）、謝罪は相手に対して応答を求める行為であり、謝罪を受けた時点で相手は、（無視も含めて）何らかの反応を示す立場に置かれている。コミュニケーションはその場かぎりで終わるかもしれないし、長く続くものになるかもしれない。それから、コミュニケーションは常に友好的なものや建設的なものであるとは限らない。一方がさらなる屈辱や被害を受ける可能性もあれば、交流を通じて両者が精神的にさらに深く傷つく可能性もあるだろう。ただ、その一方で、両者の傷が癒される可能性も、人間関係やコミュニティなどが修復される可能性も、謝罪を起点にしたコミュニケーションによってしばしば開かれるのである。

†こらえきれず、あふれだす「ごめんなさい」――『エゴイスト』における謝罪①

ただ、以上の論点を取り出すのに資するものだとはいえ、トラック事例それ自体はあまり現実的《リアル》なケースだとは言えない。というのも、事故に関する因果責任が運転手に全くないということが、事故の当初から誰にとっても明白であるような交通事故のケースは、実際にはまず見られないからだ。たとえ、ドライブレコーダーや防犯カメラの映像が残っていたとしても、現実に車を運転していた人はどうしても、「もっと注意深く見ていれば、子どもの飛び出しに気づけたのではないだろうか」とか、「あの道は、本当はもっとスピードを落として走ることができたのではないだろうか」という風に、自分に過失があった可能性に思いが及んでしまうだろう。そしてそれは、被害者やその家族、そして第三者に関しても同様である。

したがって、ここでもうひとつ、関連するより現実的なケースも取り上げておきたい。それは、小説『エゴイスト』（高山真［著］、小学館文庫、二〇二二年）[34]において、主人公である浩輔が行った謝罪だ。まず、その前後のあらすじを紹介しよう。

十四歳のときに母親を病気で亡くした浩輔は、三十代半ばに差し掛かった頃、パーソナルトレーナーの龍太と出会う。浩輔はゲイであり、龍太はそのことを周囲に対して隠しつつ、病気に冒された母親を支えて二人で暮らしていた。浩輔は龍太に惹かれ、二人はやがて恋愛関係になるが、ある日龍太から、もう会いたくないと言われる。

諦められない浩輔は、龍太の消息を追ううちに、彼がトレーナーの仕事だけではなく、「売り専（男性に体を売る仕事）」もしていたことを知る。母親の治療費や生活費を捻出するためだ。浩輔は龍太に会って、月に十万円渡すから売り専を辞めてほしいと言う。

龍太はこの提案を受け入れて、売り専の代わりに道路工事のアルバイトを始める。彼は、「ようやくお袋に本当の仕事を言える」と言う。その後浩輔は、龍太のトレーナーの仕事の顧客という体《てい》で、彼の母親とも交流を深めるようになる。彼女の誕生日を三人で祝うこともあった。浩輔は、龍太との時間を過ごせること、また、彼の母親に対して、自分の母親にはしてあげられなかったことができるということに満ち足りていた。

しかし、そうやって数年経ったある日、浩輔は龍太の母親からの電話で、衝撃的な知らせを受け取る。その日の朝、龍太は布団から出てこなかった。死んでいたというのだ。前の晩、二人は電話で話したばかりだった。「いつも通りの電話だった。気になるところなど何もなかった」(同120)。

ただ、いまから振り返れば、ほかに気になるところはあった。このところ龍太はひどく疲れているように見えた。目の周りには濃い隈ができており、浩輔の部屋に入るとすぐに眠ってしまうことがしばしばだった。「僕は全部、見ていた。そして、全部、気づかないふりをしてきた」(同122)。自分が売り専の仕事を辞めさせたから、龍太は道路工事の過酷な肉体労働に明け暮れるようになり、それで体を壊したのではないか。「龍太に「仕事を辞めろ」などと言うべきではなかった」(同124)と浩輔は後悔する。「他人の母親に僕が勝手に思い入れを強め、他人の生活に僕が勝手に土足で上がり込み、他人の睡眠時間を僕が勝手に削らせた。僕がやったことは、結局、病気の母親を残して死んだ二十七歳の男と、母親思いの子どもを逆縁で失った病弱な女を生み出しただけだった」（同131―132）。

そして、龍太の通夜を明日に控え、彼はこう自問する。


謝りたい……でも、どうやって？

龍太の母親は、僕が息子の恋人だったなんて思いもしないだろう。息子の仕事相手が、裏では恋人面して自分たちの人生を破壊し尽くしたなんて、思いもしないだろう。

龍太の母親以外の人間も座っているだろう親族席に向かって、ひとりの男が式の作法を無視してまで土下座したところで、その土下座になんの意味があるのか見当もつかない親族たちは戸惑うだけだろう。土下座の意味を伝えようと思ったら、恋人が男だったことと体を売って金を得ていたこと、という、龍太が隠し通していたふたつの秘密を明らかにするだけだろう。何をどうしても、僕の謝罪は、式をぶち壊し、龍太の母親や親族の悲しみに泥を塗ることにしかならない――。

……するべきことはひとつだけだとわかっていた。自己満足にすぎない謝罪をしようなどとは考えず、ご親族の迷惑にならないよう焼香をして、ひと通りのことが終わったら、タクシーに乗って帰ればいい。たったそれだけのことを、明日、数時間のうちに行えばいい。自分を責めたいのなら、それが終わったあとで好きなだけすればいい。

（同132―133）

通夜の日になり、浩輔は葬儀場に向かった。列に並ぶ彼に、焼香の順番が来た。龍太のただの仕事相手として、淡々と正しく振る舞おうとするが、手を合わせると、「ごめんなさい」という言葉しか頭に浮かんでこない。この言葉を外に出すまいと、血が出るほど唇を噛み締めて、親族席に礼をし、その場を去ろうとするが、足がもつれて膝からその場に倒れてしまう。立ち上がろうと思っても、力が入らない。涙がとめどもなく出てくる。彼は顔を覆って泣いた。「龍太と、龍太の母親と、龍太の親族に心の中で謝りながら、声をあげて泣き続けた」(同136)。そのとき、ふいに、誰かが浩輔の両脇を後ろから抱えた。振り返ると、涙でくしゃくしゃな龍太の母親だった。

僕はすぐに顔を戻してうつむいてしまった。顔を見る資格さえ、僕にはない、と思った。すぐにでも立ち上がって歩き出さなければならないのに。それがわかっていながら、僕は彼女の手を握り、誓いを破ってしまった。

「ごめんなさい、ごめんなさい、ごめんなさい――」

封を切った口から蚊の鳴くような小さな声で、同じ言葉が垂れ流される。逆さまにした瓶からこぼれる水は、瓶に戻すことができない。この言葉をなかったことにはできないのに、止めることができない。

「どうして謝るの？　どうしてあなたが謝らなくちゃいけないの？」

龍太の母親が僕の背中をさすりながら耳元で囁いた。……

「謝らないで。お願い。謝らないで。だって私、知ってるから。あなたが龍太のこと愛してくれていたこと、私、知ってるから」

空耳かと思うほど、かすかな声だった。驚いて顔を上げる。振り向くと、龍太の母親が泣きながら何度もうなずいていた。

「ね、私、知ってるから。あなたに謝られたら、龍太が一番悲しむから」

周りの誰にも聞き取れないだろう、小さな声で、龍太の母親が僕に語りかけていた。

（同136―137）


葬儀場の外で、二人はさまざまな話をした。実は龍太の母親は、息子と浩輔の関係に当初から気づいていたし、そのことを龍太に直接訊いて確かめていたのだという。龍太は、「浩輔さんに救ってもらった」、「母さん、地獄ばかりじゃなかったよ」と言ったという。彼女は浩輔に、「本当にありがとう。ありがとうね」（同141）と語りかけた。二人はその後、彼女が臨終のときを迎えるまで、龍太の思い出を語り合いながら交流を続けることになる。

†謝罪というかたちでしか表現できない心情――『エゴイスト』における謝罪②

龍太の死因は、作中では明確にされていない。過労死だったことを窺わせる記述が多いが、自殺や、あるいは他の原因があったのかもしれない。ただ、少なくとも浩輔には、龍太の死の因果責任が自分にあるように思えてならない。もちろん、〈売り専の仕事を辞めるように自分が促したせいで、龍太は死に至ってしまった〉というのは、客観的に見ればかなり不明確で弱い因果関係の推定だ。それでも、自分の母親にはできなかったことをするために、自分は龍太とその母親を利用したのではないか、という疑念や後ろめたさも相《あい》俟《ま》って、浩輔はその思いに沈んでいく。

浩輔は、通夜の場で龍太やその母親や親族たちに謝りたいと願う。けれども、それをするのは彼らの誰のためにもならないとも考える。龍太をただ悼むべき場で、謝罪というかたちで自分の思いを吐き出すのはたんなる自己満足だ――利己的《エゴイスティック》な振る舞いだ――と考える。しかし結局、思いをこらえることができず、「ごめんなさい」という言葉が涙とともにあふれだしてしまう。

何か重大な出来事が起こったとき、人は、それがたまたま理不尽に生じたという風には呑み込みがたい。代わりに、それが生じた理由や原因を求める強い傾向がある。[35]浩輔の場合には、その原因を自分の行動に見出し、自分を非難の対象にしたということだ。これは一方では、無理もない自然な思考だと言える。浩輔は、龍太の死のまさに直前まで、誰よりも深く彼とかかわり、彼に最も大きな影響を与えてきた。その浩輔が、彼の死という出来事に関して、彼の母親と並ぶ当事者として自分を認識し、どうしても責任を感じてしまうというのは、この物語を読む第三者にとってもよく理解できることだ。むしろ、浩輔が何の責任も感じず、たんに悲しい出来事が起こったとしか思わないとすれば、その方が不自然で異様に思えるだろう。

しかし他方では、浩輔の思考や感情は暴走しているとも言える。我々読者は彼に同情し、彼のせいではない、自分をそんなに責めることはないと思うだろう。また、作中の龍太の母親の場合、彼がなぜ謝っているのか、その具体的な中身まではまだ知らないから、「どうして謝るの？　どうしてあなたが謝らなくちゃいけないの？」と当惑している。ただ、それでも、彼が龍太の死に関して強く責任を感じているという事実自体は理解し、そのうえで、謝らないでと語りかけている。そしてそれは、彼の思考や感情が全く混乱していると判断するからではない。繰り返すなら、我々も龍太の母親も、浩輔が責任を感じてしまうこと自体はよく理解できるのだ。理解できるからこそ彼に寄り添い、後悔や悲しみで心身がぼろぼろになってしまう前に、この救われがたい悲劇から彼が立ち直ってほしいと願う。それは、龍太の死は自分にとって関係のない、どうでもよいことだと彼が見なすようになってほしい、という願いではない。そうではなく、彼が龍太との日々や龍太の死という出来事を、（自分から切り離すのではなく）自分の人生をかたちづくる欠かせない一部分として引き受けつつ、それでも、その後の人生を歩んでいくための光を見出してほしい、という困難な願いである。

龍太の母親が浩輔の謝罪に接して、「謝らないで。お願い。謝らないで」、「あなたに謝られたら、龍太が一番悲しむから」と応答したとき、これは、（タマコの叔父のように）相手の謝罪を拒絶したわけではない。かといって、謝罪を受け入れて相手を赦した、というのとも違う。彼女は、浩輔の謝罪という行為に触れることによって、龍太に対する彼の思いと、彼という人間を深く理解した。そして、その理解に基づいて彼を慰めた。また、彼も同時に、自身の謝罪に対する彼女の応答に触れることで、彼女の思いと、彼女という人間を深く理解した。このとき、彼女と浩輔は、それまでとは異なる新たな関係を構築する入り口に立ったのであり、この二人の結びつきこそが、彼女と浩輔がその後の人生を歩んでいくための光ともなったのである。

人はときに、謝罪というかたちでしか表現できず、また、謝罪というかたちでしか相手からも理解されないような、そうした独特の心情を抱く。浩輔もそのとき、自分の心情を表す素直な表現として、「ごめんなさい」という言葉しか思い浮かばなかった。その言葉や態度は、表に出すまいという自分の決意とは裏腹に内面からあふれでた。それは嘘偽りのない、心からの謝罪であり、その意味で、真摯な謝罪である。そして人は、そのような謝罪と、謝罪に対する応答から、相手について多くのことを知りうる。そして、それを起点に、互いに対して新たな仕方でかかわり合うこともできるのである。[36]

†本節のまとめ

本節では、トラック事例および『エゴイスト』における謝罪の場面を分析することによって、主に以下の点を確認してきた。

何か重大な悪い出来事が生じたとき、その発生と特に深いかかわりがあると自覚する当人は、他の誰とも置き換えのきかない当事者として、自分とその出来事との関係を認識している。そして、誰からも非難されず、因果責任を求められない場合であっても——あるいは、過失と見なすにはあまりに不明確で弱い因果関係しか推定できない場合であっても——、「あのとき自分がこうしていたら（あるいは、こうしていなかったら）……」とか、「もっとこうすることができたのではないか」といった類いの後悔や自責の念を抱きうる。その心情はしばしば、謝罪というかたちをとることで最も自然に表現されるし、そもそも謝罪以外の表現を見出すこと自体が難しい。

一方が謝罪をし、他方が何らかの仕方で応答する——そのやりとりにおいて両者は、相手が当該の出来事をどう捉えており、自分自身や他の人々にとってどれほど重要なものとして受けとめているかを知る。そこから、両者の（新しい）コミュニケーションが始まる。それは、その場の謝罪と応答のみで終わるかもしれないし、浩輔と龍太の母親のように、一方が死に至るまで長く続くかもしれない。龍太の母親は、浩輔の謝罪を拒絶も受け入れもしなかった。彼女の応答は、自分たちの関係が〈謝罪する側とされる側〉というものではないということを、相手に対して確認ないし提案する意味をもっていたと言えるだろう。それはまた同時に、別の関係性の下であなたと向き合いたいという意志の表明でもあったのである。

実際のところ、相手からの謝罪に対して拒絶でも受け入れでもない仕方で応答するというのは、非常に多くの場面で見られるものだ。たとえば、電車が揺れて他人が自分の足を軽く踏んでしまったときや、約束した相手がちょっと遅刻してきたときなど、相手が「すみません」と言って頭を下げてくれば、それに応えて「いえいえ、そんな」とか「とんでもないです」などと言って顔や手を横に振る、という類いのやりとりを、我々は生活のなかで日常的に繰り返している。それは、お約束の儀礼的な応答であるかもしれないし、本当に気にしていないことの意思表示であるかもしれない。あるいは、気にしてはいるが、相手に気を遣ったり、おもねったり、恐縮したりしているのかもしれない。あるいはまた、龍太の母親のように、相手が謝罪する心境を理解しつつ、相手を思い遣り感謝する気持ちが表れているのかもしれない。それはケースバイケースだ。

いずれにしても重要なのは、我々は謝罪に対して、〈受け入れる／受け入れない〉という二者択一のかたちで常に応答しているわけではない、ということだ。そうやって白黒をつけるには、我々の他者との向き合い方も、因果関係や持ち場や責任などについての捉え方も、あまりに微妙で不明確な場合が多い。容易には割り切れないこの現実を、そのなかで生活する我々の関係や心情の複雑さを、謝罪を起点にしたコミュニケーションの諸相は反映しているのである。

第2節

謝罪とは誰が誰に対して行うことなのか

†謝罪の「当事者（およびその代理）」はどこまで拡がりうるか

前節で取り上げた『エゴイスト』において、浩輔が謝っていたのは龍太と、彼の母親、それから他の親族だった。また、テレビドラマ『北の国から'92巣立ち』のケース（本書163頁以下）では、五郎は直接的にはタマコ自身ではなく、彼女の叔父に謝っていた。それから、本書における強盗事例の一バージョンでは、C氏は被害者やその家族に謝罪すると当時に、世間の人々に対しても謝っていた（98―99頁）。このように、謝罪の客体（＝謝罪する相手）には多重性や多様性を見出すことができる。また、謝罪の主体についても、五郎が息子の不祥事について謝っていたように、その範囲は拡大したり曖昧になったりしうる。

謝罪は、爪を切ったり歯を磨いたりすることとは異なり、常に誰かに対してなされる行為だ（本書151頁）。すなわち、「謝罪とは、一方の当事者が他方の当事者に対して行う行為の一種にほかならない」(Cohen 2020: 24)。ただし、当事者自身ではなく、当事者の代理、となる者が謝罪を行ったり謝罪を受けたりするケースも、多様なかたちで存在する。たとえば、亡き親の代わりに子が謝るとか、医療ミスで亡くなった子の代わりにその親が謝罪を受ける、といったことだ。この場合、「代理」とは言っても、謝罪の内容となる出来事と一定の深いかかわりがあるという点では、広い意味で「当事者」のカテゴリーに入れることもできる。ただ、自分自身がしたことについて謝るとか、自分自身の被害について謝罪を受けるというケースとはやはり違うから、その点で区別する必要もあるだろう。

ともあれ、そうした「(代理も含む)当事者」たちの内実自体が、ときに曖昧であったり、きわめて複雑であったりしうるというのが、本節で検討したいポイントである。実際、当事者とはいったいどこまで拡がりうるものなのだろうか。

†謝罪の客体の拡張性と、その限界にまつわる基準の一例

まずは、謝罪の客体の方から検討しよう。たとえば龍太の母親は、龍太の突然の死という出来事の紛れもない当事者だ。というのも、彼女は、龍太と最も親しかった人物のひとりであり、かつ、彼を産み育て、彼が亡くなるまで長く一緒に暮らした人物であり、さらにそれに加えて、彼が亡くなっているのを最初に発見した人物でもあるからだ。

では、彼の葬儀に参列した他の親族はどうだろう。彼と親密な関係にあり、その死によって強いショックを受け、喪失感と悲しみに襲われている人もいるかもしれない。逆に、彼とほとんど面識もなく、血縁上のつながりから義理で参列しているだけの人もいるかもしれない。

彼との親密さや、その死による影響という点でいえば、彼との関係が希薄な親族よりも、日頃交流の深い友人や仕事場の同僚などの方が、当事者と呼ぶにふさわしいのではないか。――もちろん、そうした個別の事情が明らかであれば、彼らも当然謝罪の対象に含まれうる。それはケースバイケースだ。しかし、事情が不明瞭な場合、血縁関係というものは、曖昧になりがちな当事者の範囲に一応の区切りをつける客観的な基準となりうる。

実際、謝罪をすべき相手というのは、社会的な慣習や規範の類いによって暗黙の了解がなされている部分もある。一般に、誰かが亡くなったとき、その配偶者、親、子、兄弟姉妹には、たとえ彼らが死者と疎遠であったとしても、お悔やみを述べるものだという認識や、謝罪をする必要がある場合にはその対象に含めるものだという認識を、少なからぬ人々がもっていると言えるだろう。浩輔が、謝罪の対象に龍太の母親だけでなく、他の親族も自然に入れているのも、この種の認識に基づいているからだと思われる。

†謝罪の客体の曖昧性

だが、もちろん、血縁関係の有無がどの社会やどの場面においても絶対的な基準になるわけではないし、また、そもそも、血縁関係という概念自体がかなり曖昧なものだ。たとえば、亡くなった人の記憶をほとんどもたない孫は、謝罪を受けるべき親族に含まれうるのだろうか。あるいは、その次の世代はどうだろうか。つまり、何世代も離れた子孫も、謝罪の対象になりうるのだろうか。

これもケースバイケースだ。先祖が被った損害（侵略、収奪、暴力、侮辱など）をめぐって子孫が謝罪を求める事態は、世界各地で繰り返し生じている。そして、そのたびに、多様な背景や思惑、タイミングなどの影響の下で、謝罪の要求の正当性も含めて多様な議論が人々の間で交わされ、謝罪が実際に実行されたり、あるいは拒否されたりしている。

政治学者のデイヴィッド・ミラーは、現代において焦点化されることの多い歴史的補償の要求を、以下の四種類に大別している（Miller 2007: 138-139/169）。

(1) 過去のある時点で不正に奪われた土地、貴重な芸術作品、神聖な事物について、その所有者の子孫が返還を要求すること。

(2) 奴隷や植民地の住民といった搾取の被害者の子孫が、祖先の手から奪われたのと同様の価値を有するものを要求すること。

(3) 暴力や拘束など、被害者に危害を加える不正な行為がなされたことに対して、被害者当人やその子孫に対し、金銭等の物質的な補償を行うよう要求すること。

(4) 不正を犯した者に対して歴史をありのままに記録し、歴史的な不正の責任を認めるよう要求すること。

このそれぞれのケースで、謝罪の客体は多様、かつ多重的なものになりうる。たとえば、侵略によって不正に土地を奪われた人々には当然、謝罪を受ける権利があるが、その子孫たちも、その土地があれば手にしていたはずの恩恵や機会を奪われ続けたと見なすことができる。そしてその場合、彼ら自身も謝罪を受けるべき当事者として捉えうる。同様に、たとえば冤罪によって罪を着せられた当人だけではなく、その子孫も、先祖の汚名によって自分の家系に誇りをもつことができなかったり引け目を感じたりしてきた被害者として、謝罪の客体となりうる。

謝罪の客体は、ここまで取り上げてきた「親族」、「子孫」、「友人」、「同僚」のほかに、「顧客」、「視聴者」、「ファン」、「住人」、「国民」、あるいは各種の「マイノリティ」等々、実に多様なものでありうる。どのような場合にどのような人々が謝罪の客体に含まれるのか、そのことをあらかじめ線引きできる簡便な基準など存在しない。出来事の内容やそれをめぐる社会状況、共有されている価値観、人々の関係性といった事情はそのつど異なりうる以上、個別のケースごとにそのつど検討され、判断されるべき事柄にほかならない。

†謝罪の客体の多重性と、謝罪の内容の多面性

ただ、以上の点に絡んで注意すべき一般的なポイントも、ここでいくつか挙げることができる。一つ目は、謝罪の客体が複数いる場合、謝罪の内容はそれぞれ部分的にでも異なるものでありうる、ということだ。

先述の歴史的補償のケースや、あるいは小説『エゴイスト』のケースがそうであるように、謝罪の対象には、死者や、意識の戻らない人、消息不明の人等々、謝罪に対して自分で応答することができない者も含まれうる。[37] 前章第2節で確認した通り（151頁）、謝罪において人が常に相手の応答を求めているとは限らないものの、大抵の場合にそれを求めていることも確かだ。たとえば、自分が謝罪したいと願っている相手が消息不明のため、長くその行方を捜していたが、すでに亡くなっていたことが判明してしまったという場合、結局その人に謝ることができなかったと考えるのは不自然ではない。そして、せめて代わりにその人の親族に謝罪しようと思うのも不自然ではない。そのようなケースも含めて、謝罪すべき当人以外の人々に対して謝罪する場合には、その人々を当人の代理として扱い、応答を求めているという側面もあるだろう。そして、こうした側面だけ見れば、謝罪の内容は当人と親族等とで違いはないことになる。

しかし、たとえば『エゴイスト』において、浩輔が龍太の母親や他の親族に謝罪する際

には、彼らを龍太の代理として扱っているだけではなく、彼らから龍太を奪ったこと、また、それによって彼らにつらく悲しい思いをさせたことについても謝っているのであり、この後者の内容は当然、龍太に対する謝罪のなかには含まれない。また龍太に対しては、彼らと二度と会えないようにしてしまったということも謝罪の内容に含まれうるが、これは逆に、彼らに対する謝罪のなかには含まれない。

ほかの例も考えてみよう。E氏がある飲食店に入って、無理な注文をしたり備品を舐めたりといった迷惑行為を繰り返し、その様子を撮った動画を面白半分で動画配信サービスに投稿したとしよう。動画を見た視聴者からは非難が殺到し、E氏はその飲食店の店主と視聴者に謝罪することになる。この場合、お店の営業を妨害したり備品に損害を与えたりしたこと自体は、視聴者に対する謝罪の内容には含まれない。また逆に、(店主が当該の動画を見ていないのであれば) 動画を見ることによって不快な思いや不安な気分にさせたことは、店主に対する謝罪の内容には含まれない。

この種の相違に注意を向けず、たとえば当事者全員を一緒くたにして謝罪した場合、さらなる非難を招いてしまうこともある。たとえば、いまの事例のE氏が謝罪をする際、「店主および視聴者の皆さんにご不快な思いをさせてしまい、申し訳ございません」と言ったとしよう。この場合には、「店主は「不快な思い」どころか実害を被っているのに、何を言っているんだ!」とか、「自分が何をしたのか分かっているのか!」といった非難が向けられうるだろう。本書で度々確認してきたように、謝罪する者には、謝罪の内容となる出来事をどう認識しているかがまずもって問われている。そして、その認識にはときに多面性が求められる。というのも、一方の謝罪対象に関しては適切な認識が、別の謝罪対象に関しては不適切だったり不十分であったりすることが、往々にしてあるからだ。

†謝罪する相手の順番をめぐる道理

それから、もう一つのポイントは、単一の出来事に関して謝罪の対象が複数存在する場合、謝罪の順番も重要になりうる、ということだ。

たとえば、いまの迷惑動画の例でいえば、E氏が謝罪しようとする際、まず、謝罪のための新たな動画を配信サービスに投稿するというかたちで行うとしてみよう。その場合、E氏が謝罪の対象とするのはさしあたり、迷惑動画を見た不特定多数の視聴者となるから、謝罪動画ではE氏は「皆さんにご不快な思いをさせてしまい、申し訳ございません」と言い、頭を下げるといった態度を示すかもしれない。

しかし、視聴者の多くは、自分たちが不快に思うと同時に、店主に同情して、お店のことを慮《おもんぱか》ってもいるはずだ。いやむしろ、後者の感情や気遣いゆえに不快に思っているという部分も大きいはずだ。それゆえ、E氏がそのような謝罪動画を投稿したとしても、やはり「「ご不快な思い」じゃない！」と反発されたり、「謝る相手が違う！」といった非難が向けられたりするだろう。

謝罪の対象が複数にわたるとき、人は得てして、より影響力や権力のある者に対してまず優先的に謝ろうとしがちだ。しかし、〈謝罪を優先的に受けるべきなのは、当事者のなかで最初に直接損害を被った者や、最も重大な損害を被った者である〉というのは、我々に広く共有されている道理である。この道理に従っているかどうかも、謝罪の適切さを測る要素に含まれうるのである。

†謝罪の主体の拡張性、曖昧性、多重性——監督責任を負っているケース

ここまで、謝罪の客体の拡張性や曖昧性、多重性について検討してきたが、同様のことは謝罪の主体についても言える。次にこの点について確認したい。

たとえば、ある企業の社長が、その企業が起こした贈賄事件について謝罪をするとしよう。これは、企業のしたことについて、ある個人が社員を代表して謝るという例だ。しかし、この社長が贈賄事件の当事者だとすればどうか。すなわち、公務員に賄賂を渡したのが社長本人だったとすればどうだろうか。この場合、社長による謝罪は、企業としての謝罪と個人としての謝罪が重なり合っていると見なしうる。

別の例も取り上げてみよう。たとえば子が不祥事を起こしたとき、親は一般に監督責任――つまり、子を指導監督する役割責任――を負っていると見なされる。そうである以上、親は子に代わって、または子とともに、被害者に対して謝罪することが求められるが、いつまでも監督責任を負うべきだと見なされているわけでもない。実際、現在の日本では、子が成人を迎えているかどうかが、親も謝罪の当事者ないしその代理となるべきかどうかを区切るための一応の常識的な基準になっている。その点では、前述の『北の国から'92巣立ち』において息子の純はすでに二十歳を超えていたから、五郎が純とともに謝罪するのは過保護だとか不適切だといった見方もとりうるだろう。

また逆に、親がしたことについて子どもが謝るというケースもときに見られる。たとえば日本において、認知症の親が事件や事故を起こした場合に、法定の監督義務者になっている子が謝罪するケースを考えてみよう。これは、(法や社会通念などに照らして)十分に可能かつ必要と考えられるケアや支援を、子が親に対して行わなかったために、その親が不祥事を起こしたと見なされうるケースである。

†自身では謝罪できない親の代わりに子が謝罪するための条件①

では、子が親の監督責任を負っていない他の一般的なケースはどうだろうか。親の不祥事が他人に対して重大な損害を与えるものだったり、社会に対して大きな悪影響を与えるものだったりする場合、あるいは、その親が社会的影響の大きい人物である場合、子が親に代わって謝罪するケースがある。とりわけ、その親がすでに死んでいたりして、当人が直接謝罪することができない場合、子が自発的に謝罪を行ったり、子に対して被害者などが謝罪を求めるケースが多いと言えるだろう。

　これは別に日本に限った話ではない。たとえば先述のミラーは、〈亡き父がかつて酷い振る舞いをし、他人を侮辱していたことを知った〉という状況を想定したうえで、このような場合、自分が父に代わって謝罪するのは正しいことだろう、と述べている（Miller 2007: 157/191）。ただ、ミラーはここで、ある興味深い論点を付け加えている。自分がまさに父に代わって謝るためには、父の立場に立って、もし機会があれば父はきっと謝りたいと考えるだろうと想像できなければならない、というのである。つまり、ある意味で自分と父を一体のものと見なす（identify）必要があるということだ。

　逆に、自分を父と一体のものとは全く見なさず、父の生き方に全く賛同できない場合、私はそれでも父の行動について謝ることはできるが——その謝罪は、隣家の芝生を汚してしまった飼い猫のために謝るのと同じことだ——、しかし、父に代わって（on his behalf）謝ることはできない。というのも、父に代わって謝るためには、自分が父の立場に立って、父が言いたかっただろうと思われる内容を述べることが含まれるからであり、そのためには自分と父の同一化（identification）が必要だからである。（ibid.: 157-158/191）

隣家の芝生を汚してしまった飼い猫の代わりに、あるいは、ふざけて隣家の友達に怪我をさせてしまった幼いわが子の代わりに、あるいはまた、間違えて隣家に侵入してしまった認知症の父の代わりに、私が被害者に対して謝るとき、それは、その猫や子や父は自分がしたことの社会的な意味を理解できていないとか、十分な謝罪をする能力がないなどと私が判断するからだ。他方、ミラーが例示するケースでは、彼の父はそうした理解や行動の能力を備えていたと想定されている。そして、父と自分の間に何らかの一体性ないし連続性を見出している子が、自分が父だったらこのように理解し、このように行動するだろうという考えに基づいて、謝罪を実行している。

しかし、謝罪の原因となる行為を行ったのも、ほかならぬ父自身だ。したがって、父と自分を一体のものと見なすというなら、過去のその行為についても理解を示すということを意味しないだろうか。法哲学者の川瀬貴之も指摘している通り、「謝罪は加害当時の加害者の価値観の否定を伴う可能性があるから、その同一化の程度も、あまりに強いものであれば謝罪そのものが不可能になる」（川瀬二〇一一：29）のである。

それゆえミラーは、亡き父の代わりに子が謝るなど、前の世代に代わって後の世代が謝罪するという行為が真摯な謝罪であるためには、「同一化と非同一化の両方が求められる」(Miller 2007: 159/193) と主張している。いまの例でいえば、自分の信念や価値観と親のそれとを同一視しつつ(=同一化)、同時に、親が起こした不祥事に関しては自分の信念や価値観と反するものとして非難する(=非同一化)、という態度である。

だが、この議論には無理がある。たとえば親の不祥事が、特定のマイノリティに対する差別的な言動だったとしてみよう。そのような行為は、まさに親の根深い信念や価値観の体系から出てくるものであって、そのなかの自分とは相容れない部分のみ都合よく例外視して切り離すことなどできない。そうである以上、自分の信念や価値観を親のそれに重ね合わせているのであれば、親の言動は自分にとって非難すべきものとはならないはずなのである。だとすれば、真摯な謝罪には親との同一化と非同一化の両方が必要だとしても、その内実は、ミラーの主張するものとは異なるものでなければならない。

では、それはどのような態度なのだろうか。たとえば、当該の差別的なものの見方を誤りだと認識するようになった後の親の信念や価値観にのみ自分を重ね合わせる、ということだろうか(なお、これには、親が生きていればそのように認識を変化させたはずだ、という想像も含まれうる)。すなわち、ある時期以降の親の信念や価値観と自分のそれとを重ね合わせつつ、それ以前の親の信念や価値観とは重ね合わせない、ということだろうか。しかし、このように想定すると、なぜ自分が親の代わりに謝罪という行為をする必要があるのかが不明になってしまう。というのも、目下のケースにおける謝罪とは本来、親が過去に自身がしたことについて行うものであり、親にはもはやそれができないので子が代理する、というものだが、子がその過去の親には自分を重ね合わせていない（＝子が代理しているのはそれ以降の親のみである）のならば、自分が代理として謝るべき過去が存在しないことになるからだ。言い換えれば、この場合には自分は、過去に差別的な言動をした人物を非難するとか、その言動によって傷ついた側を支えたり名誉回復を図ったりするということはできるが、その人物の代わりに謝罪することはできない、ということである。[38]

†自身では謝罪できない親の代わりに子が謝罪するための条件②

以上の問題は、代理ではなく当人が謝罪する場合には生じない。なぜなら、信念や価値観が大きく変化した後も、（当たり前だが）当人の身体や記憶はその過去からずっと連続しており、自己の同一性自体は確固として保たれている以上、過去の差別的言動も自分が行ったことに変わりはないからだ。

前章で、「謝罪とは、個人が自分自身を二つの部分に分割する表示行為《ジェスチャー》である」というゴフマンの定義を紹介した（125頁）。自己を分割し、過去の自分をある意味で現在の自分から切り離して、「あのときの自分の考えは間違っていました。反省しています」という風に言えるのは、過去の自分も自分であること自体は（身体や記憶の連続性から）原理的に保たれているがゆえなのである。その点で、自己の分割というのはあくまでも比喩に留まるということだ。

しかし、当人以外の者が代わりに謝罪する場合には、身体や記憶の連続性が存在しない以上、同じようにはいかない。たとえばミラーの主張するように、子が自分の信念や価値観を親のそれに重ね合わせられるかどうかが、子が親になり代わりうる条件だとしてみよう。その場合、以前の親の差別的な信念や価値観と子のそれが異なるならば、子は以前の親の代理とはなりえないことになる。だとすれば、繰り返すように、自身が過去にしたことについて謝罪するという親の行為を子が代理することは不可能になるのである。

ここから、ミラーの議論のどこに問題があるかがはっきり見えてくる。親と自分を一体のものと見なせるかどうかが、親の生き方――そして、その背景にある親の信念や価値観――に共鳴できるかどうかにかかっているとするならば、その人物と自分を同一化しつつ、同時にその一部分のみを自分から切り離す、というのは至難の芸当だ。したがって、親の代わりに自分が謝るには、信念や価値観の一致という要素よりも、やはり、いまの自分自身をかたちづくる重要な諸要素を親から継承している、という認識が必要だろう。具体的には、親が自分を産んだという血縁上の強固な結びつきの感覚や、主に親を通して言語をはじめとする文化や伝統を継承し、それによって自分のアイデンティティの大きな部分が形成されているという認識、さらには、親が自分を育てたという記憶、愛情や財産、生活環境、教育、その他の文化資本の享受などのかたちで親から恩恵を受けているという認識などである。（また、謝罪を受ける側にとっても、相手がそうした認識を有しているということが、相手をそもそも謝罪の主体として認めるための要件、すなわち、当人でもないのになぜこの人が謝るのかという疑問や違和感をもたないための本質的なポイントになっていると言える。）

もちろん、親の代わりに謝ろうという積極的な意志をもつためには、（不祥事を起こしたとき以外の）親の生き方に共鳴しているとか、親に対して深い愛情を抱いているといった点も重要な要素になりうる。しかし、親と自分との間に謝罪の主体としての一体性ないし連続性を見出すことにとって本質的な要素は、そこではないのである。

†前世代の代理としての謝罪、前世代とかかわりのある当事者としての謝罪

いま、親のことで子が謝るということをめぐって取り出したポイントは、当然、祖父母やそれ以前の先祖のことで子孫が謝るケースについても当てはまる。ただし、そうやって時代が下れば下るほど、血縁的な結びつきの強固さの感覚や、いまの自分自身をかたちづくる重要な諸要素を先祖から直接継承しているという認識は、自ずと薄らぐ傾向にあると

言えるだろう。

また、以上のポイントは、子や孫や子孫という存在が、親や祖父母や先祖の代わりに謝るという当事者の代理としての側面だけではなく、当事者自身としての側面も備えうることを示している。この点を明確にするために、ここでひとつ実例を取り上げたい。

『チョコレート工場の秘密（*Charlie and the Chocolate Factory*）』などの作品で世界的に知られる作家ロアルド・ダール（一九一六―九〇）は、生前、ユダヤ人への偏見を語ったり、反ユダヤ主義者であることを公言するなどしていた。彼の死去から三十年後の二〇二〇年、彼の遺族と版権管理会社ロアルド・ダール・ストーリー・カンパニーは、ダールの公式ウェブサイトに、「ダール一族とロアルド・ダール・ストーリー・カンパニーは、ロアルド・ダールの反ユダヤ主義的な発言が、多くの人々に長く苦痛を与えてきたことを、深く謝罪します」という文言から始まる謝罪文を掲載した。また、その後には、「最愛の祖父の言葉について謝罪するのはつらいことですが、よりつらいのは、その言葉があるコミュニティ全体を深く傷つけるものだということです」とも述べている。この謝罪に対して、反ユダヤ主義に対するある抗議団体は、ダール一族が謝罪するのに三十年もかかったのは残念なことだとコメントしている[39]。

この、ダールの孫をはじめとする遺族による謝罪は、差別的言動によって多くの人々を傷つけた当事者であるダールの代理として謝っていると見なすこともできる。ただ、同時に、謝罪の背景には次のような考え方があるとも見なしうる。すなわち、遺族はいまもダールの作品から印税や原作使用料などで莫大な利益を得ている以上、その正の遺産だけ都合よく受け継ぐのではなく、負の遺産も受け継いで、ダールの言動によって傷ついた人を癒すことや、差別という不正義を正すことに貢献すべきだ、という考え方である。

もちろん、仮にダール一族自身が以上のような考え方に基づいて謝罪をしたのだとしても、同様の状況に置かれた遺族はみな常にそうしなければならないという道徳的規範が一般に確固として存在するわけではない。つまり、親や先祖から財産などを受け継いでいるからといって、彼らがしたことについて自分たちが謝る必要はないと判断する人々がいるとしても、別に不思議なことではない。この種の状況において謝罪を行うかどうかは、それこそ各自の生き方や信念・価値観による部分が大きいだろう。また、謝罪しないことのデメリット——作品が敬遠されたり不買運動が起きたりする可能性など——を計算する戦略的ないし打算的な考慮といったもの、あるいは、謝罪を求める周囲の非難や圧力にも、やはり大きく左右されるだろう。（そして、そのような非難や圧力に関しては、それ自体の正当性も当然問われうる。すなわち、誰がどのような要求を、いかなる理由や権利の下に行っているのか、ということだ。）

†自分がしなかったことについての謝罪——入社前のことについて社員が謝る場合

子や孫や子孫は、当事者の代理（＝親や祖父母や先祖の代わりに謝る）としての側面と同時に、当事者自身（＝親や祖父母や先祖から自分が重要なものを受け継いでいることを理由に謝る）としての側面も備えうる。ただ、いずれにしても、謝罪の内容となる出来事に関して、彼ら自身がその原因となる行為をしたわけではない。目下の例でいえば、反ユダヤ主義的な言動を繰り返したのはダール自身であって、その遺族ではない。つまり、彼らは自分のしたことについて謝っているわけではない。

実際、我々はときに、自分がしていないことについて責任を負い、謝罪を行うことがある。たとえば、ある企業A社の経営する工場で爆発事故が起き、周辺の住居や自然環境などに被害が生じたとしよう。事故の後にそのA社に入社した社員は、当然のことながら、事故の発生につながるいかなる行為も行っていない。しかし、A社が賠償金を支払う際に、減給などのかたちでその費用の一部を負担することがありうるし、A社の一員として、現場で周辺住民に直接謝罪するといったこともありうる。

では、なぜこの新入社員には謝罪する理由があると言えるのだろうか。ひとつには、そのとき当該の社員は、A社を代表して周辺住民に相対しているからだ。先述のミラーの事例は、父親がすでに亡くなっており、自身の不祥事を直接謝罪することができないから、その代理（representative）として子が謝る、というケースだったが、企業の場合も当然、その集団ないし法人それ自体が直接謝罪の言葉を発したり、謝罪文を書いたり、頭を下げたりすることはできない。企業それ自体には単一の意識も身体も存在しないからだ。それゆえ、企業の代表（representative）として、その企業に属する誰か個人がそのつど謝罪という行為を行う必要がある。

また、もうひとつの理由として、事故後に入社した社員といえども、その企業から報酬や福利厚生などの利益を得ているという点も挙げられる。ダールの遺族が、正の遺産を受け継いでいるならば負の遺産も一緒に受け継ぐべきだと見なされうるのと同様に、ある企業から利益を得ている者は、その企業が負っている責めも引き受けなければならない、という考え方もありうるだろう。

そして、いずれにしても、件の新入社員がA社による事故の責任を部分的に負ったり謝罪したりすることは、少なくとも原理的には回避可能である。なぜなら、A社を辞めるとか、そもそもA社に入社しないという選択肢があるからだ。（他方、たとえばダールの生物学的な孫であることを辞めたり避けたりするのは原理的にできない。この論点については後で取り上げる。）

†因果関係が不明確なことについて集団の代表者が謝罪する理由

もっとも、多くの場合、企業を代表して謝罪するのは新入社員ではなく、まさに代表取締役やCEO（最高経営責任者）、あるいは社長といった肩書きをもつ個人の役割である。そして、そうした責任者ないし代表者が不祥事の発生当時からその任にあった場合などには、〈自分がしていないことについて謝る〉という風にシンプルに捉えることのできない微妙さが存在する。なぜなら、不祥事が起こることを未然に防ぐために、チェック体制を整えたり研修を実施したりするなどの方策をとることができたのではないか――その意味で、不祥事に関する因果責任があるのではないか――という指摘や非難が、集団の代表者には向けられうるからだ。

そして、その種の指摘は、不祥事が重大なものであればあるほど生じやすく、また、非難の程度も強くなりがちである。たとえば、A社の工場の爆発事故がきわめて大規模なものであり、死傷者が多く出てしまったとしよう。その場合には、具体的に誰がその事故を起こしたのかが執拗に追及され、その人のどのような行為が事故の原因となったかが、事故のかなり以前まで遡って探られることになる。それこそ、事故の直接の原因をつくった現場の作業員だけではなく、それを監督する立場にあった上司や、安全管理の責任者、そして取締役や代表取締役などの責任も問われるだろう。逆に、もし事故が運よく作業員のひとりが膝を軽く擦りむく程度で済んだ場合などには、事故に至るまでの因果連鎖がそれほど掘り起こされることはないし、全体の代表者の監督責任や管理責任といったものが厳しく問われることもないだろう。

大渕憲一は、「違反行為を行った当人ではなく、これに直接指示をしたわけでもなく、また、現実的に制御できる立場にもいなかったと思われる人たちが、なぜ、責任を問われることがあるのでしょうか」（大渕二〇一〇：55—56）と問い、「人々は違反や被害を目撃すると、関係者に罰を加えたいと思うが、組織の場合それができないので、その代理として組織代表者を罰しようとする」（同56）という、人間の一般的な心理的傾向性に答えを見出している。そして、悪い結果には何か原因があるはずだ——特に、人為的な原因があるはずだ——というバイアスのかかった推論によって、人はしばしば実際の因果関係を無視して責任者を特定しようとするとも強調している（同58）。すなわち、「負事象が起こると、何とか責任者を探しだして罰したいとする応報願望」（同59）が人間にはあるということだ（なお、人間のこの傾向性については、本書でも194頁においてすでに触れている）。

もちろん、企業やその他の集団の代表者に実際に明確な因果責任が認められるケースもあるだろう。だが、ある出来事に至る因果関係とは元来、しばしば不明確なものだ。特に、集団を構成する不特定多数の人々が多様なかたちで意志決定にかかわり、個々人の作為や不作為が複雑に連関し合っているような事象においては、企業の不祥事という風に、その出来事を引き起こした行為主体として漠然と集団全体を指示するほかない場合も多い。[40]コーエンも指摘するように、「企業が謝罪しなければならない過失のなかには、その集団に現在いる成員の誰にも容易に帰属させることができない行為が含まれる」（Cohen 2020: 129）のである。

そして、因果関係が不明確であるならば、当該の出来事に関して誰も責任を負うべきでない、とするのもあまりに極端だ。むしろ、ある集団が不祥事を起こしたという事実自体は明らかであるときに、その集団の代表者として批判の矢面に立ち、謝罪を実行したり辞任したりするなどの責任をとる役割を果たす者――その意味で、役割責任を負う者――を、あらかじめ集団内で選択し、その者に権限を与えておくというのは、補償の迅速な実施による被害者の救済や、あるいは社会秩序の維持、集団全体の維持などのための合理的な方法たりうる。つまり、出来事の重大さに応じた責任を集団の代表者がとることは、一概に人間の心理的傾向性に基づく錯誤とは言い切れない、ということだ。

以上の点からすれば、ある特定の個人がある集団の代表者であることによって、その集団の不祥事に関して明確な因果責任の有無にかかわらずに謝罪する理由があるのは、代表者となることをみずから選択し、それに伴う役割責任を負っているためだと言えるだろう。また、先述の論点を繰り返すなら、代表者以外の成員がときに集団を代表して謝罪する理由があると見なされるのも、その根底には、〈集団に入ったり集団から出たりする選択肢が存在する〉という条件があると言えるだろう。

†集団から離脱困難なケース、離脱不可能なケース――集合的責任の問題へ

ただ、このような選択肢の存在は、あくまでも原理的な次元の話であって、実際に集団から離脱する選択ができるかどうかは別問題だ。たとえば、再就職が非常に難しい状況下で、A社を辞めれば自分や家族が確実に路頭に迷ってしまうという場合、退職届を出すことは現実にはきわめて困難だろう。

同様のことは、国籍の離脱の可能性に関しても当てはまる。たとえば、ある国が他国に侵略し、そこで略奪や暴力などの蛮行も行ったとしよう。そうした行為に直接関与した人々の責任が、事実関係の精査も含めて厳しく追及されるべきであるのは言うまでもない。ただ、それとは別に、特に前の世代が十分な謝罪や賠償を行わず、また、侵略された国の人々から赦しを得られずに非難が続いている場合には、後続するいわゆる戦後世代――戦前・戦中は幼い子どもだった人々や、戦後にその国に生まれ育った人々――も、被害に遭った国の人々やその子孫などから謝罪や賠償を求められる場合がある。戦後世代は、前世代の行為に関して何の因果責任ももたず、その点で、非難されるべきことは何もしていないにもかかわらずだ。

こうした場合、戦後世代の人々が謝罪や賠償を拒絶するために国籍を離脱するというのは、大抵の場合は現実的な選択肢ではないだろう。自分が生まれ育った国の国籍を失うことは、多くの人にとってきわめて大きな負担や損失となるし、これまでの生活を捨て、他国の国籍を取得してそこで暮らすというのも容易ではないからだ。

さらに、そもそも国籍に関しては、それを抜けば前世代の行為と完全に縁が切れるとは限らない。その国に税金を納めることがなくなれば、賠償金の負担自体は消失するかもしれないが、少なくとも、謝罪が不要になるとは限らないのである。

この点を、アーレントの用語に倣って**集合的責任**（collective responsibility）という観点から明確にしよう。アーレントによれば、この「集合的責任」という概念は、

(1) 自分自身がしていないことについて問われるもの

(2) 自分の自発的な行為では離脱できない集団に属しているがゆえに負うべきもの

という二条件を同時に満たす責任にほかならない（Arendt [1968] 2003: 149/277-278）。したがって、たとえばある企業に属しているがゆえに社員が負う責任は、アーレントのいう「集合的責任」に含まれないことになる（ibid.）。というのも、社員は通常、企業から自発的に離脱可能と見なされるからだ。だとすれば、ある国に属しているがゆえにその国民が負う類いの責任も、国籍を離脱する自由があるのであれば、「集合的責任」に含まれないはずである。

以上の点からすれば、「集合的責任」とは典型的には、ある国の出身者であるとか、誰かの生物学上の子や孫であるといった意味で、国家や一族などの集団から原理的に離脱できない者が負うべき責任、として特徴づけることができるだろう。[41]では、そのような者たちになぜ、謝罪や賠償などを行う理由があると言えるのだろうか。

†日本の戦後世代はいかなる意味で集合的責任を負いうるのか

政治学者の齋藤純一は、日本の戦後世代に属する者のひとりとして、次のように論じている。

> 戦後世代が集合的責任を負うべき理由は、私たちが、数多くの不正義を刻んだ歴史的関係性を先行する世代から継承し、私たち自身もそうした関係性をすでに生きてしまっているという事実にあると思う。……戦後さまざまな事情から日本国籍を取得し、国民となった人びとが、集合的責任をめぐって私たちと同一の位置に立たないのは、彼女/彼らが私たちと同じ歴史的位相をもたないからである。集合的責任の理由は、国民《デモス》として政治的その他の特権や利益を享受しているというファクターだけでは説明しえないように思える。（齋藤 一九九九：89）

日本の戦後世代が責任を負うべき理由があるとして、それが日本という国の国籍をもっていることで特権や利益を享受していることそれ自体に尽きるのだとしたら、そうした特権や利益を手放した場合、その分だけ責任は減免されるだろう。むしろ肝心なのは、そうした特権や利益の源泉ともなっているもの——日本の文化や伝統、慣習、遺産、財産、インフラ、等々——の下に自分が生まれ育ち、自分自身のアイデンティティの多くの部分がかたちづくられているという事実だ。その事実自体は、自分の意志で得たものではないし、また、自分から自発的に切り離しようがないものなのである。

親や祖父母の代理として——または、彼らから重要なものを継承している当事者として——彼らがしたことについて謝罪する場合と同様に、日本の戦後世代が戦前・戦中世代のしたことについて責任を負って、特に謝罪という行為を行うとすれば、その主たる理由も、そうした原理的に自分から切り離しえない要素のゆえである。すなわち、自分がどこで誰から生まれたかとか、どのような環境の下で育ってきたかという要素である。それが、集合的責任を負って謝罪するということの意味なのである。そして、この種の要素のなかには、先行世代が他国の人々とどうかかわってきたかということも含まれる。そのような種々の歴史的関係性の延長線上に、後続世代と他国の人々とのいまの関係性もあるのだ。

他方、たとえば外国で生まれ育った人が戦後に諸事情で日本の国籍を取得して暮らしている場合、自分が納めている税金の一部が賠償金に用いられているのであれば、その点で、責任をとる行為の一部を分担していると言える。さらに、日本の国籍を取得することなく、外国人としてこの国で暮らしている人も、消費税や所得税などの種々の税金を納めているから、その点でやはり責任を分担しているとも捉えうる。しかし、彼ら（＝戦後に日本国籍を取得して生活している人、および、日本国籍を取得せずに日本で生活している人）は、日本という国家が過去に犯した侵略行為や非人道的行為に関して、少なくとも謝罪をすべきだとは見なされないだろう。それは、先の引用において齋藤が指摘している通り、彼らは日本で生まれ育った戦後世代と「同じ歴史的位相をもたない」からだ。言い換えれば、前の世代から継承しているものの内実が違うのである。

†謝罪の主体はどこまで拡張されうるか、その限界事例としての集合的責任の負担

自分がどこで誰から生まれ、どのような環境の下で育ち、自分がどうかたちづくられてきたかという事実は、原理的に自分から切り離すことができない。そして、そうしたものを前世代から継承し、背負っているということが、自分と前世代との間に一体性ないし連続性を見出すという意味での「同一化」を可能にしているし、その可能性があるからこそ、人は前世代のしたことについて集合的責任を負って謝罪しうるのである。

逆に言えば、もしもそのように自分と前世代との間に一体性ないし連続性を見出し、前世代の継承者を自認する部分がない場合には、先に213頁でも述べた通り、人は前世代のしたことについて謝罪する理由はもちえないことになる。もちろん、前世代のしたことは正義にもとると考えるならば、それを非難する理由はあるし、前世代のなした不正義（侵略、収奪、弾圧など）によって自分たちが土地や財産などの恩恵を受けている場合には、それらを被害者の子孫などに返還するとか補償するといったかたちで、責任を負う理由もある。しかし繰り返すなら、謝罪する理由はない。[42] たとえば、〈自分たちは日本人だが、日本国で生まれ育った国民であって、大日本帝国で生まれ育った国民ではないから、大日本帝国（の国民）がしたことを非難したり、その不正義を正したりする理由はあるとしても、それについて謝罪する理由はない〉という具合である。この種の論理に反対していると思われるのが、ドイツ出身の作家トーマス・マンによる次のような主張である。

……自国民が引き起こしてしまった計り知れぬほどの憎悪に迎合して、裁判官の役割を演じ、ドイツを罵倒し、呪い、……自分は罪深きドイツとは正反対のものであり、これとは何の関係もない「良きドイツ」なのです、と言って自分を売り込むことも、ドイツに生まれた人間にとってあまりふさわしいこととは私には思われません。ドイツ人として生まれたからには、ドイツの運命とドイツの罪とに関係があるのです。

(Mann 1957: 75/8)

……悪しきドイツと良きドイツの二つのドイツがあるのではありません。……ですから、罪を負った悪しきドイツをまったく否認して、「私は良きドイツ、高貴なるドイツ、清廉潔白なる正しきドイツです。悪しきドイツを私は皆様が絶滅するに任せます」と宣言することは、ドイツに精神の生まれ故郷をもつ人間にとっては全く不可能なことです。(ibid.: 92/36)

もっとも、一八七五年に生まれて一九五五年に亡くなったマンは、自身が成人として二度の世界大戦を経験し、二度目の大戦直前に祖国から亡命した、まさに戦前・戦中世代の人である。それゆえ、第二次大戦の前と後とで祖国を二つに分割する見方に全く乗れなかったのは当然だとも言える。逆に、第二次大戦から遠く年月を隔てて生まれた人であればあるほど、ドイツ人であれ、あるいは日本人や他の国の人々であれ、昔の世代と自分との間に一体性や連続性を見出すことは難しくなっていく傾向にあるだろうし、昔の世代のしたことに関して、親のしたことで真摯に謝罪する場合と同様の気持ちで謝罪することも、同様に難しくなっていく傾向にあるだろう。

また、忘れてはならないのは、先行する世代のしたことに関して後続する世代が負いうる集合的責任は、自分の意志で引き受けたものでも、自分の意志で放棄できるものでもない、ということだ。彼らは、コントロール可能性（本書172頁参照）に基づく因果責任を負っているわけでも、自発的な役割責任を負うわけでもないのだ。

以上の点から、集合的責任を負うことの一環として謝罪することは、謝罪の主体がどこまで拡がりうるかということに関して、まさにその限界事例となるものだと言えるだろう。

†集合的責任を負うことの一環としての謝罪は、コミュニケーションの起点となる

そして、限界事例だということは、謝罪する理由があるか否かについて、人によって判断が大いに分かれうるということでもある。先に確認した通り（本書217頁）、財産や財産権など、自分の意志で放棄できるものを前世代から受け継いでいる場合ですら、道義的にも法的にも、前世代のしたことについて謝罪しなければならないというわけではない。まして、どこそこに生まれ育ち、そこで継承したものが自分の多くの部分をかたちづくっているという、自分では動かしえない事実によって、人が謝罪の義務を負うことはありえない。[43]

それゆえ、先行世代が犯した行為の被害者やその子孫によって、後続世代の自分に対して謝罪が要求されているとしても、そのことのみを理由にして謝罪するのでは、たんに要求に応えたことや圧力に屈したことと実質的に違いはない。むしろ、相手からの謝罪の要

求がどのような内容であり、どのような理由や背景の下になされているのかを理解したうえで、それに対して自分がどう応答するかということこそが問われていると言える。その点で、こうした場合にそもそも謝罪をするか否か――あるいは、どのような謝罪をするか――にとって最も重要であるべきなのは、各自の認識や信念、価値観、目的といったもの、それから、相手との相互理解の意志といったものになるだろう。

　したがって、集合的責任を果たすことの一環として、物質的な補償・賠償などを行うだけでなく、先行世代のしたことについて後続世代が謝罪を行うということには、前節で輪郭づけたコミュニケーションの起点（187頁）という特徴をとりわけ明確に見出すことができる。謝罪は、少なくとも謝罪相手と何らかのコミュニケーションをとる意志を示す行為であり、かつ、謝罪やその証《あかし》としての補償・賠償などを通じて、焦点となる出来事（戦争、戦時下の事件など）を自分自身がどう理解して受けとめているか、その認識の内容を明らかにする行為でもある。また、人は、自身の謝罪に対する相手の応答、あるいは、相手がそもそも謝罪を求めているという事実やその内容によって、相手が当該の出来事をどう理解して受けとめているかについて多くを知ることができる。そこから始まるコミュニケーションは、惨憺たる結果に終わる可能性もあるが、互いを知り合ったり、互いの認識を摺り合わせたり、あるいは実効性のある補償ないし賠償の約束が交わされることなどによって、互いの関係を修復し、新たな友好的関係を築くきっかけにもなりうるのである。

†国家の代表者による政治的謝罪が有する特徴と意義

とはいえ実際のところ、前世代の人々がしたことや、曖昧に「国家がした」と形容されることについて、因果責任をもたない後続世代の人々が個別に具体的な場面で謝罪する機会は少ない。焦点となる出来事が、それこそ百年前や数百年前といった昔に遡る場合にはなおさらだ。

「企業がしたこと」についてはに大抵の場合その代表者が謝罪するのと同様、「国家がしたこと」について謝罪するのは、一般にその代表者たる国王や大統領、首相といった人物である（もしくは、当時の国家がすでに存続していない場合には、その法的ないし実質的な継承者と見なされる国家の代表者である）。本節の最後の論点として、この点について確認しておこう。

ある国家によって自分たちの先祖が重要なものを奪われたとか尊厳を傷つけられたなどと子孫たちが訴えて、その歴史をありのままに記録し、その不正の責任を認めるように求めるとき、そこには「通常、大統領や国王のような、その集団を代表する人物による公式の謝罪」（Miller 2007: 139/169）の要求が含まれているとミラーは指摘する。そのうえで、彼は次のように続けている。

不正の元々の被害者たちと自分たちとを一体のものと見なす人々は、ここでは、生物学的な子孫または同じ文化に属する者のどちらであっても、相手方の代表者が公式に謝罪することをいつまでも拒んでいるがゆえに精神的な苦痛を受けていると主張する。そして、〔自分たちを含む〕被害者の現在の立場は、相手が責任を受け入れず、適切な（通常は象徴的な）補償を行わないために貶められていると主張する。（ibid.）

この種の要求は世界各地で継続的に見られるが、それに対する実際の代表者たちの応答の仕方はさまざまだ。たとえばオーストラリアでは、十九世紀後半から一九七〇年代にかけて、先住民アボリジニやトレス海峡諸島の混血の子どもたち――その数は十万人とも言われる――が、政府やキリスト教会によって親許《もと》から強制的に引き離され、強制収容所や孤児院や白人家庭の養家などに送られていた。一九九〇年代後半、これが大きな社会問題となり、この「盗まれた世代（Stolen Generations）」と呼ばれる当事者だけでなく、広く国民からも謝罪や賠償を求める声が高まった。また、この非道な国策について調査した政府のレポートでも、国家が謝罪と賠償を行うことが勧告されていた。しかし、当時のオーストラリアの首相ジョン・ハワードは、「盗まれた世代」に対する公式の謝罪を拒み続けた（窪田二〇二一：74）。ハワードは一九九七年に行った演説のなかでこう述べている。

個人的には、先住民に対する前世代の慣行の下で不当な扱いを受けたわが国の同胞に対して、深い悲しみを抱いています（I feel deep sorrow）。同様に、今日ここにいる多くの人々が、そうした慣行の結果として傷つき、トラウマを抱き続けているであろうことについて、残念に思っています／申し訳なく思っています（I am sorry）。

しかしながら……いまの世代のオーストラリア人に対して、自分たちにはコントロールできなかった過去の行為や政策について罪や非難を受け入れるように求めるべきではありません。[44]

それからおよそ十年後の二〇〇七年、ハワードが党首を務めていた中道右派の自由党が総選挙で大敗し、中道左派の労働党が政権を獲得すると、ハワードに代わって首相となった同党の党首ケヴィン・ラッドは翌二〇〇八年、自身の選挙公約に基づき、議会を代表して初めての公式謝罪を行った。その演説のなかには次のような文言がある。

私たちは、この土地の先住民の方々への仕打ちを反省します（reflect）。特に、「盗まれた世代」と呼ばれる人々への仕打ちを反省します。それは、わが国の歴史において汚点となる一章です。……

私たちは、歴代の議会や政府が法律や政策を通じて、私たちの同胞に深い悲しみや苦しみ、喪失をもたらしてきたことを謝罪します（apologise）。

特に、アボリジニとトレス海峡諸島の子どもたちを、家族やコミュニティや故郷から引き離したことを謝罪します。

盗まれた世代と、その子孫、そして、残された家族に、痛みや苦しみ、傷を与えたことについて、おわびします（I say sorry）。

家族およびコミュニティを崩壊させたことについて、盗まれた世代の母親、父親、兄弟姉妹におわびします。

そして、誇り高き人々と誇り高き文化を侮辱し、貶めたことについて、おわびします。

私たちオーストラリア連邦議会は、国家の修復の一端として提示されるこの謝罪が、同様の精神で受け取られることを、敬意を込めて要請します。

未来に向けて私たちは、この偉大な大陸の歴史に新たな一ページを刻むことができると確信しています。〔それは次のような未来です。〕……

私たち連邦議会が、過去の不当な行いを決して再現してはならないと決意する未来。

平均寿命や教育、経済的機会に関する先住民と非先住民の間の格差を埋めるというすべてのオーストラリア国民の決意が活かされる未来。

過去のアプローチが道を誤った積年の問題に対して、新たな解決策の可能性を受け入れる未来。

相互的な尊重、相互的な解決、相互的な責任に基づく未来。

すべてのオーストラリア人が出自にかかわらず真に平等なパートナーとなり、平等な機会が与えられ、この偉大な国オーストラリアの歴史の新たな章をつくることに平等に参加できる未来。[45]

当時のハワード首相とラッド首相、どちらの演説の際にも、その内容に反対するオーストラリア人は一定数存在した。そして、その批判のなかには、たとえばラッド首相が謝罪の言葉を表明するだけで賠償の実行を約束しなかったことも含まれる。これに関してある識者は、「賠償がなければ本当の謝罪とは言えない。我々は引き続き政府に具体的な賠償を求めていく」とコメントしている。[46]

実際、国家の代表者がある種の政治的判断の下に行う謝罪には、内部の反対意見を切り捨てたり封じ込めたりする――また、それによって、ときに代表者の権力を強める――という側面が伴うことは否めない。だが、他方で、全国民の意見が完全に一致しなければ国家として謝罪を行うべきでないとすれば、間違いなく、いつまでも謝罪は実現しない。それゆえ、国家の代表者による謝罪は国民の文字通りの総意に基づくものではないというのは、この種の謝罪の本性に属することなのである（ただし、その謝罪が有効であるためには比較的多数の国民の支持を必要とすることは言うまでもない）。
そして、右のラッドの演説には、確かに大きな意義があったと言える。その内容は与党の労働党だけではなく、自由党の大半の議員からも支持され、また、議会に招待された「盗まれた世代」の当事者たちも謝罪を歓迎した。さらに、各地の学校ではこの中継を見るための特別集会が行われたほか、連邦議会議事堂前の広場にはテレビスクリーンが設置され、オーストラリア全土から駆けつけた多様な人々が広場を埋め尽くし、ラッドの演説を見守った。そして、彼らの多くが涙を流し、抱き合い、歓声を上げた。アボリジニのひとりは、首相による「sorry」の一言で、これまで背負っていた重荷が下りた気がすると語っている。これまでの「否定の年月」が終わったことを実感させ、力や感情を湧き起こらせるような、そうした象徴的な意味が、その一言にはあったのだ、と。[47]
ラッドによる謝罪の言葉の後半は、出自によらずにすべてのオーストラリア人が平等に国づくりに参加する未来を謳うものになっているが、確かにこの謝罪は、先住民と非先住民との間に新たな関係を築くための大きなきっかけとしての役割を果たしている。
まず、この謝罪においてラッドは、かつての政府や議会が政策を通じて何を行い、それが現在に至るまでどのような悪影響を与えてきたのかを明確にし、その構造的な不正義の歴史を後世に語り継ごうとしている。そして、その構造的な不正義は自分も含めたすべてのオーストラリア人にとって重要な問題であり、何らかのかたちで是正しなければならない、という認識も表明し、そうした認識を皆と共有しようとしている。[48]

そして、以上の認識の表明や共有は、その自然な帰結として、また、謝罪が真摯なものであることの証《あかし》として、是正や償いのための具体策を構想し、それを実行することへとつながりうる。事実、その後オーストラリアでは、二〇〇九年には連邦政府によってアボリジニ・トラウマ修復基金が創設されたほか、州政府単位では二〇一五年から個人補償のパッケージも構築され始めた（窪田 二〇二一：75、77）。また、ラッドの謝罪からちょうど一五年の節目にあたる二〇二三年二月一三日、アンソニー・アルバニージー首相は、経済的に厳しい状況にある先住民を支援するために四億二四〇〇万豪ドル（約四〇〇億円）の格差是正策を講じると発表した。[49] いまなお先住民は、同国の経済や社会のほぼすべての指標で最下層付近に留まっており、[50] 今後どれほど実効的な成果が生まれるかは未知数だ。とはいえ、少なくとも確かなのは、先住民と非先住民の間の新たな関係構築に向けて国全体の政策が変わる大きな節目に、ラッドの謝罪が位置しているということである。

†国家の代表者による謝罪に関して注意すべき二つのポイント

このように、謝罪には国家の代表者だからこそ可能なものがあり、その種の謝罪はときに独自の重要な役割を果たすことがありうる。

ただ、それだけに、ここには特に注意すべきポイントも存在する。一つ目は、和解や赦しへの圧力が生じやすいという点である。国家の代表者による謝罪は、それが国家にとって大きな転機となる重要な意味をもてばもつほど、テレビやネットなどで中継され、繰り返しニュースで流される。その言葉に、当事者たちは否応なく触れざるをえない。そして、謝罪の場は多くの場合、被害者やその家族をはじめとする当事者たちが招かれ、たくさんの聴衆が見守るなかで行われるような、一種のセレモニーとなる。そのような場で、謝罪を受け入れないことや、和解や赦しを拒否することは難しい。

大渕は、「謝罪が行われると、被害者に向けてこれを受容するようにという社会的圧力がはたらき、これが謝罪の効果を促進するひとつの要因である」（大渕二〇一〇：76）と指摘し、そのことを実証する心理学上の研究（Risen & Gilovich 2007）を紹介したうえで、次のように述べている。

> 〔謝罪を受容せよという〕その圧力とは、「謝罪した人間は赦すべきである」という寛容性規範です。寛容性は道徳性の一部であり、多くの文化において寛容性を高尚な人格の一部とみなしています。それ故、被害者には、謝罪した加害者を赦すようにという社会的圧力が働くわけです。（大渕二〇一〇：76）

この種の圧力が存在しうるというのは謝罪一般に当てはまることだが、セレモニーとして整えられた公の場でなされる大々的な謝罪では、より圧力がかかりやすいと言える。だからこそ、謝罪を受ける側にそのような圧力がかからないように配慮し、和解や赦しが事実上強いられるということがないように努めなければならない。そしてそのためには、場の設定の仕方をはじめとして謝罪の方法を慎重に検討する必要がある。

もう一つの注意すべきポイントは、国家の代表者による謝罪が「私たち」や「我々」といった大きな主語によってなされることに向けられうる懸念だ。それは一方では、過大包含の懸念である。すなわち、謝罪の主体にあまりに多くの人々が——本来ならば謝罪すべきでない人も——含まれかねない、ということ。また、謝罪の主体が負う責任の程度が低減されかねない、ということだ。そして他方では、過小包含の懸念がある。すなわち、ある出来事について我々に責任があると言うことによって、その出来事を実際に引き起こした者をはじめ、具体的な因果責任を負うべきはずの特定の者たちの責任を免除したり過小評価したりすることになりかねない、ということだ。

まず、前者の過大包含の懸念について言えば、たとえば謝罪時に国家の代表者が言う「私たち」が国民全体を指すのであれば、被害に遭った先住民自身や、あるいは、そうした事件の後で移民としてやってきて国籍を取得した人も、形式的には謝罪の主体に含まれてしまう。先のラッドの演説では、「私たち」がさしあたりオーストラリア連邦議会の議員を指すことが明確にされているが、こうした慎重な配慮がときに必要になるだろう。

次に、後者の過小包含をめぐっては、たとえばアーレントが次のように論じている。

〔ヒトラー政権がユダヤ人にしたことについて、戦後に少なからぬドイツ人が発した〕「私たちの誰にも罪がある」という叫びは、一見した限り、とても高貴で魅力的なものに聞こえた。しかし実際には、罪を負うべき人々の罪をかなりの程度軽くする役割を果たすだけだった。私たち皆に罪があるのだとしたら、誰にも罪はないということになってしまうからだ。(Arendt [1968] 2003: 147/274-275)

重要なのは、「私たち」を主語にした国家の代表者による謝罪が、個人個人の因果責任を有耶無耶《うやむや》にする隠れ蓑になってはならないということだ。具体的な出来事に関して誰にどのような責任があり、どう罪を償うべきなのかは、それ自体として追及されるべき事柄なのである。

特定の因果責任を負う者が行う謝罪と、たとえばラッドが行ったような政治的謝罪とは明確に区別して考えなければならない。コーエンも指摘するように、「政治的謝罪とは、政治的共同体の多くの人々が共有しうる価値を再確認するもの」(Cohen 2020: 150) であり、「公的で象徴的な、価値を表明する行為」(ibid.) だとも言いうる。そして、そのような価値の表明ないし再確認に基づいて、国家としての今後のあり方や周辺国との関係などが模索されていく。謝罪はその起点となりうるのである。

†本節のまとめ

以上、本節では、謝罪の当事者（または、その代理）となる主体と客体をめぐって検討を重ねてきた。

主体と客体のどちらに関しても、場合によってその範囲はかなりの程度拡張しうるし、その内実は曖昧にも多重的にもなりうる。また、とりわけ主体に関しては、集合的責任を負うことの一環として謝罪するケースに、謝罪の主体がどこまで拡がりうるかについての限界事例を見出すことができる。そして、特にその種の謝罪は、先に表11（168頁）に示した謝罪の重要な諸特徴のうち、**未来への約束**や、**道徳へのコミットメント・正義の修復**、**被害者の修復**、**加害者の修復**、**人間関係の修復**といった特徴には適合しうるが、少なくとも、因果責任を認めるという意味での**自己への責任の帰属**という特徴には適合しないし、**後悔・自責**という特徴にも適合しない。また、ラッドの謝罪がそうであったように、**被害者への償い（or償う意志の提示）**というものを含まない場合もありうる。

他方で、焦点となる出来事に関して因果責任のない者による謝罪は、自分の罪を償うというよりも、未来に向けた関係構築のきっかけ——謝罪を受ける側との**コミュニケーションの起点**——という色彩が色濃くなる。特にそれが、集団から原理的に離脱不可能な者（ある国に生まれ育った者、ある一族の生物学的な子孫、等々）が集合的責任を負うことの一環として謝罪するという場合であれば、なおさらだ。

ただ、こうした場合の「我々」や「私たち」といった集団を主体とする謝罪が、ある種の過大包含や過小包含をもたらしかねないという点については、先ほど確認したばかりだ。そして、同様の過大包含や過小包含の懸念は、謝罪をする側だけではなく、謝罪を要求する側に対しても向けることができる。というのも、誰かが「我々」や「私たち」という主語の下で謝罪を要求するとき、その「我々」や「私たち」のなかには、本来ならば他の人々と同様の謝罪を受ける権利をもたない者や、あるいは、他の人々よりも特に手厚い謝罪や賠償等を受けるべき者もいるかもしれないからだ。

したがって、謝罪を要求する側——または、謝罪の要求を支援したり代理したりする者——も、自分たちがどのような立場から、いかなる権利や理由によって、誰に対して謝罪を求めているのかを顧慮する必要がある。そうでなければ、謝罪の要求もそれ自体が不当な圧力や脅し、あるいは暴力になりかねないのである。

第３節

マニュアル化の何が問題なのか
——「Sorry Works! 運動」をめぐって

†再び、sorry の多義性について

前節で紹介した、ハワードとラッドがそれぞれオーストラリア首相在任時に行った演説の比較に立ち戻ってみよう（本書234—236頁）。

ハワードが演説のなかで発した「I am sorry」という言葉は、「残念に思う」という意味にも「申し訳なく思う」という意味にもとることができるが、文脈上も、それから、「深い悲しみを抱いている（I feel deep sorrow）」という言葉と呼応する位置に置かれていることからも、「残念に思う」という意味の方でとるのが自然だろう。他方、ラッドが演説のなかで発した「I say sorry」は、文脈的に間違いなく「申し訳なく思う」「おわびする」という意味の方に重心を置いて理解すべき言葉だ。

「sorry」という言葉のこうした多義性ないし曖昧性については、第１章ですでに取り上

げている（20、43頁）。本節では、「sorry」のこの特徴が本質的なかたちでかかわっている謝罪の問題を扱う。とは言っても、それが、英語の「sorry」という言葉や、これを用いているアメリカやイギリスなどの社会にのみ当てはまる局所的な問題だというわけではない。むしろ、その問題は、本書でこれまで言及してきた数々の論点とも呼応しながら、謝罪一般に関する最後の重要なポイントを浮き彫りにしてくれるだろう。

† Sorry Works! 運動の背景

二〇〇〇年代初めから、アメリカで「Sorry Works!」という運動が興り、盛り上がりを見せている。これは、医療コンフリクト——医療にまつわる紛争、および、それ以前の認知・見解の齟齬《そご》——の予防や解決に向けたある方法論を示し、それを普及させる運動だ。とりわけ、運動の名前に冠されている通り、「sorry」という言葉は使える（works）ということが、この運動における最も重要なスローガンになっている。

この運動の中心人物であるコンサルタントのダグ・ヴォイチエサックと、弁護士のJ・W・サクストン、同じく弁護士のM・M・フィンケルスティーンの三人は、医療事故が疑われる事案が発生した際の院内調査や情報開示、そして謝罪のあり方について、*Sorry Works!* と題したマニュアルを公刊している。その序文には次のような一節がある。

「sorry」と述べること、または共感（empathy）を示すことは、困難な状況を多少なりとも改善することによって、ほぼ百パーセントの場合に役に立つ（works）。（Wojcieszak et al. 2010: xvi/xvi）

この場合の「役に立つ（使える、効果的である）」とは、患者やその家族等の怒りを和らげるとか、訴訟や賠償のリスクを低減させる、といったことである。それにしても、なぜ彼らは、「sorry」と述べること――または、共感を示すこと――をきわめて重視しているのだろうか。それは、この運動を始めたヴォイチェサック自身の次のような経験に基づいている。

一九九八年、ヴォイチェサックの兄ジムが医療事故で亡くなった。ヴォイチェサックと彼の両親は、何が起こったのか、どうして起こったのか、同じ過ちが起こらないようにプロセスを改善することができるか、ということを問うたが、病院側は取り合わなかった。彼ら遺族と病院との間では当初は話し合いが約束されたが、それも結局実現しなかった。やむなく、彼らは病院と担当医師に対して訴訟を起こした。裁判官は、誤診などの医療ミスがあったのは明らかだとして、病院と医師に対して遺族に賠償するよう促した。結果、彼ら遺族は相当額の和解金を受け取ったが、自分たちの問いに対する十分な答えは得られず、病院や医師が今後どのようにプロセスを改善するかについても語られなかった。また、和解の後になって、相手の弁護士からは謝罪の言葉があったが、病院の代表者や担当の医師をはじめとして、自身の責任を認めて謝罪した当事者は誰もいなかった。

金銭――それは、民事訴訟の改革論者が、医療過誤訴訟の聖なる目的だと考えているものだ――を受け取ったにもかかわらず、ジムの死から十年以上経った現在でも、我々は心の平穏を得られていない。一度も我々の許に来て謝罪しようとしない医師たちに対して、我々は依然として怒りを覚えている。(ibid.: 7/10)

長い裁判の過程も、和解の後の日々も、彼ら遺族にとってあまりにつらいものだった。ヴォイチェサック自身はこの医療事故以前に仕事で民事訴訟改革に携わってきた。しかし、その種の改革だけではなく、そもそも訴訟に至る以前に徹底した情報開示と謝罪が実現することこそが重要だというのを、みずからの経験から思い知ったのである。

†病院事例――「I'm sorry」と言いにくい状況がもたらす弊害

先述のマニュアル *Sorry Works!* においてまず強調されているのは、医療をめぐる種々の有害事象――医療から起こりうるネガティブな結果――の後、それにかかわった当事者の脳裏にはしばしば「I'm sorry」という言葉が浮かび、この言葉を相手に伝えたいと思う、ということだ（ibid.: xv/xv）。

病院で起こりうる次のようなケースを、ここでは「病院事例」と呼んで検討してみよう。

【病院事例】ある病院で、患者が手術を受けていた。懸命な治療の甲斐なく、その患者は手術中に亡くなってしまった。手術室の外では患者の家族が待機している。担当の医師は彼らに近寄って声をかけようとする。

この種のケースが英米圏の病院で起こったとしてみよう。このとき医師は――あるいは看護師などのほかの医療者は――、患者の家族に対して「I'm sorry」と言いたいと思うだろう。それは自然な感情だ。

しかし医療者には、この言葉を実際に発することを躊躇《ちゅうちょ》する思いもときに働く。とりわけ、医療ミスが疑われるケースでは、「I'm sorry」と言うことによって自分の過失を認めたことになり、賠償などの責任を負う羽目になるのではないか、という懸念を抱くことがある。実際、患者側との間でトラブルに発展しそうなとき、病院や保険会社の担当者、あるいは弁護士は、裁判で不利になるから「I'm sorry」とは絶対に言わないようにという注意を、個々の医療者に対して促しがちだ。

そして、この種の懸念には、前節（208頁）で跡づけた〈謝罪の主体の多重性〉というものも関係しうる。医療者は個人としてだけではなく、病院という組織を一定程度代表する者としても、患者側に相対している。なぜなら、病院の医療は誰か個人だけではなく、病院内の指示系統や役割分担の下で、多くの構成員の協働によって成り立っているからだ。それゆえ医療者は、集団の構成員として、自分が安易に過失を認めてしまうと周りの同僚や病院全体にも迷惑をかけてしまうのではないか、という懸念を抱きうる。この点も、「I'm sorry」と言うことに医療者がときに躊躇を覚える理由だ。

しかし、こうした懸念によって医療者が「I'm sorry」と言わないことが、しばしば患者側との間に決定的な亀裂を生じさせると、ヴォイチェサックらは指摘している。なぜなら、「有害事象が起こった後、患者〔あるいはその家族〕は、「I'm sorry」という言葉を聞きたいと思っている」(ibid.: 24/30) からだ。たとえば、先の「病院事例」のように、手術中に患者が亡くなってしまった場合、治療にあたっていた医師からは当然、「I'm sorry」という言葉やそれに類する言葉がかけられるものと、患者の家族たちは期待している。しかし、その種の言葉が一切発せられなかったとき、彼らは医師に対して不信を抱き始める。さらに、医師をはじめとする病院側が、刑事責任や民事責任が生じるのを恐れ、真相を示す情報の開示を拒んだり、不十分にしか開示しなかったりすれば、彼らの不信は益々高まっていく。

ヴォイチェサックらによれば、「患者が訴訟に至る主要な原因は不十分なコミュニケーションであり、また、医療者に対する賠償請求の額は、コミュニケーションの中断および苦情の存在と相関している」(ibid.: 22/27)。医療者や病院側とのコミュニケーションに齟齬があったり、コミュニケーション自体が不足していると、患者側は自ずと、何か重要なことが隠蔽されているのではないかと考えがちになる。患者等を医療過誤訴訟に駆り立てるのは、賠償金を得ようという強欲さではない。むしろ、「不十分なコミュニケーションからもたらされる怒りこそが、医療過誤訴訟を招く原動力なのだ」(ibid.: 25/30)。

また、ヴォイチェサックらは、たとえば医療ミスが起こった後に医療者が「I'm sorry」と言うことをはばかり、沈黙せざるをえなくなる状況は、患者側だけではなく医療者自身にも苦しみを与えていると指摘している。医療者の多くは、有害事象が起こった際、患者やその家族から逃げ隠れしたり、真相を隠すように病院側から命令されたりすることそれ自体によって、深く傷つく。その場合、医療者は「第二の犠牲者」(ibid.: 30/34) でもあるとヴォイチェサックらは強調するのである。(それゆえ、逆に言えば、謝罪ができること自体が加害者にとっては救いになりうるということだ。そして、だからこそ、本書でも度々確認してきたように、謝罪という行為にはある種の利己性を見出すこともできるのである。)

†「I'm sorry」の意味を〈共感の表明〉に限定することによる問題解決策

こうした犠牲者の拡大や、当事者同士のミスコミュニケーションを防ぐために、アメリカの多くの州では現在、謝罪を免責する法の類いが制定されている。これは、有害事象が起こった後に医療者が謝罪したり、過失を認める発言をしたとしても、それを裁判などにおいて賠償責任を認める証拠とはしない、と規定するものだ（ibid.: 83ff/96ff）[51]。ただ、この種の法が整備されたからといって、それだけで十分なコミュニケーションが行われるようになるわけではない。すなわち、謝罪の仕方が不適切であったり、逆に、必要以上に過失を認めて過大な責任を背負い込んでしまう、といったケースがなくなるわけではない。したがってヴォイチェサックらは、医療者が適切な仕方で「I'm sorry」と言いやすい環境をつくりだすために、法の整備とは異なるアプローチを試みている。それは、「I'm sorry」の意味を限定する、というものだ。彼らは次のように主張している。

> 「I'm sorry」と言うことは、患者やその家族への同情（sympathy）に基づく共感（empathy）[52]の表明だと理解されなければならない。「I'm sorry」という発話は、典型的には過失の表明ではない。（ibid.: 14/18-19）

彼らによれば、「I'm sorry」という発話は一般に、以下の二種類の意味をもっている。

(1)損害や不利益を被った相手に対する共感（または同情）の表明

(2)自分に過失があること——したがって、それに応じた責任があること——の承認を含んだ謝罪

それゆえ、「不幸なことに、「I'm sorry」と言う傾向は、それによって同情を示しているのか、それとも責任の表明ないし過失の承認をしているのかについて、混乱を生み出してきた」(ibid.: 14/19)という。この混乱の解決策として彼らは、医療コンフリクトをはじめとして訴訟リスクのある文脈において、「I'm sorry」と言うことの意味を、(1)の「共感の表明」に限定して理解することを提案している。彼らはこう明言する。

「I'm sorry」は、共感の表明である。(ibid.: 14/19)

共感を表明するだけでなく、過失を認めて謝罪することが必要な場合もある。しかしそれは、然るべき調査がきちんと行われ、顧問弁護士に相談した後で、はじめて行われるべきことである。(ibid.: 15/20)

「I'm sorry」は共感の表明のみを意味し、過失を認めて謝罪することは意味しないとい

うことを皆が了解し合えば、医療者は安んじてこの言葉を使用できるようになるだろう。それによって、患者側との間でコミュニケーションに齟齬が生じる最初のリスクを回避し、また、その後も徹底した情報開示を行っていくことによって、両者の間に信頼を構築し、訴訟リスクなどを軽減させる。――これが、ヴォイチェサックらのSorry Works! 運動の骨子である。

†共感表明謝罪と責任承認謝罪？――日本における受容をめぐる問題

この運動は、日本にも大きな影響を与えている。謝罪を**共感表明謝罪**と**責任承認謝罪**の二種類に分けて捉える見解が、医療紛争の回避や解決について検討する諸分野において、現在盛んに提示されているのである（和田二〇〇七、大坪・荒神・雑賀二〇一八：43―44、藤田二〇二二、ほか）。つまり、たとえば先の病院事例において、担当医師が患者の家族に「すみません」とか「申し訳ありません」といった言葉をかけるとき、それは、共感の表明としての謝罪をしているケースと、自分の過失などの責任を認めて謝罪しているケース、その二種類があると理解すべきだということである。

しかし、この受容の仕方には大きな問題があると言わざるをえない。というのも、共感の表明はそれ自体としては明らかに謝罪ではないからである。共感を表明することは謝罪をすることにはならないというのは、直前で確認した通り、ヴォイチェサックらも明言しているSorry Works!運動の肝心な論点なのである。

もちろん、本書でもこれまで何度か触れてきた通り、謝罪には、相手の心情を慮って相手を気遣う姿勢を示すという側面が含まれうる。しかし、当たり前だが、この側面のみを取り出しても、それは共感や気遣いの表明以外の何ものでもない。また、それ以前に、たとえば『エゴイスト』の事例のように、相手に共感してその心情を気遣うがゆえに謝罪すべきではないと判断しつつ、それでもなお気持ちを抑えきれず――いわば利己的に――謝罪を実行することもありうる（本書191―194頁参照）。

単なる共感の表明とは異なり、謝罪の場合には、トラック事例のように自分は過失を犯していないと確信している場合であっても、何らかの責任を感じるということが含まれる（175―177頁参照）。また、いずれにせよ謝罪を行う者は誰でも、謝罪の内容となる出来事と一定のかかわりがある当事者（または、当事者の代理）だという意識をもっており、その出来事が自分自身にとっていかなる意味をもち、どれほど重要であるかについて、自身の認識を表明している（186―187頁）。そして、その表明を基礎にして、謝罪は相手とのコミュニケーションの起点として機能する（187―188頁）。

少なくともこうした側面を備えてはじめて、謝罪は謝罪として成立しうる。したがって繰り返すなら、共感の表明はそれだけでは謝罪とはならないのである。

†「共感表明謝罪」という奇妙な用語が生まれた直接の原因

ただし、Sorry Works! 運動を日本に輸入する過程でこうした混乱が生じたことについては、それ自体として重要なポイントを見出すことができる。

病院事例について再び考えてみよう。日本語圏では、担当医師はこのとき患者の家族に対して、たとえ自分に過失はないと認識しているとしても、「力及ばず、すみません」とか、「助けることができず、申し訳ありません」などと言うことがあるだろう。そして、そのときの「すみません」や「申し訳ありません」といった言葉は、確かに謝罪の意味をもっている。というのも、これらの日本語は普通、誰かに呼びかけたり感謝したりしているのでなければ、〈軽い謝罪〉であれ〈重い謝罪〉であれ、いずれにしても謝罪する際に用いられる言葉だからだ（本書第1章第1節参照）。

この事実を前提にしつつ、同時に、Sorry Works! 運動の中核を成す〈共感の表明〉と〈過失の承認を含んだ謝罪〉の二分法という構造をそこに当てはめようとすると、いまの例の「すみません」や「申し訳ありません」といった言葉を〈共感の表明〉のカテゴリーの方に割り振らざるをえなくなる。「共感表明謝罪」という奇妙な用語が生まれてしまったのは、まさにこのためだろう。

†「I'm sorry」という言葉は、そもそもなぜ役に立つのか

そしてこれは、Sorry Works! 運動を日本に輸入した側の問題だとは一概に言えない。問題の源泉は、元々のヴォイチェサックらの議論自体にある。たとえば、病院事例が英米圏で生じたとしよう。このとき、担当医師が患者の家族に対して「I'm sorry」という言葉をかけることは役に立つ（使える、効果的である）と彼らは強調する。確かにそうだろう。では、そもそもなぜ役に立つのだろうか。

それは、そうした場面でこの言葉を用いるのが自然であるからだ。言い換えれば、医師は当然この種の言葉を言うべきだと思っているし、患者の家族も、もしも医師からこの種の言葉をかけられなかったら不自然だと思い、それゆえに不信を抱きかねないということだ。そして、その自然さは、この言葉がもつ両義的ないし曖昧な意味合いに拠っている。これまで何度も確認した通り、「I'm sorry」という言葉はおおよそ、(1)残念に思う――このなかには、共感することも含まれる――という意味をもつ場合と、それだけではなく、(2)申し訳なく思うという意味をもつ場合がある。そして、(1)とも(2)とも言い切りがたい微妙な認識や心境を表す場合がある（本書44頁参照）。英米圏においてこの言葉が責任の回避やごまかしのために使用されうるのも、こうした両義性や曖昧性をこの言葉が備えてい

るがゆえなのだ。

　そして、以上のことは、この言葉の不具合でも欠点でもなく、むしろ、この言葉の特徴である。トラック事例を再度持ち出すならば、人は、有害事象の発生に関して自分にコントロール可能性がなかった――したがって、自分は過失を犯していない――と分かっている場合ですら、自分の行為を悔やみ、申し訳ないという気持ちになりうる。このときの心境を英語で表す際には、「I'm sorry」や「I regret....」といった言葉の両義性・曖昧性がまさに必要になるのである。

　まして、現実のケースでは、有害事象の発生に関して自分にコントロール可能性があったかどうか、少なくとも当初は明確でないことの方が遥かに多い（本書188―189頁参照）。たとえば病院事例において、特に患者が亡くなってしまったすぐ後のタイミングでは、原因が何だったのか、誰かに判断や執刀のうえでのミスがあったか否かなどについて、担当の医師や看護師なども把握できていないことが十分にありうる。そしてその段階でも、彼らはまず、患者の家族などに対して何か言葉をかけなければならない。こうした場合に用いる言葉としても、両義的で曖昧な意味合いを帯びた「I'm sorry」といった言葉が最も自然だと言えるだろう。この種の言葉だからこそ、その段階では必ずしも過失の承認を含まない後悔や申し訳なさを表現することができるし、この言葉を受け取る側も、相手がそうした思いでいることを了解し、相手に対してさしあたりの信頼を寄せることができる。そうであるがゆえに、「I'm sorry」という言葉は役に立つのである。

†「I'm sorry」の意味を〈共感の表明〉に限定することの致命的な問題

しかし、ヴォイチエサックらは、「I'm sorry」の両義性・曖昧性は誤解や混乱の源であり、ミスコミュニケーションを招くとして、「I'm sorry」は(1)「残念に思う」に類する意味だけで用いるべきだと主張する。そして、共感を表明する際には「I'm sorry」と言い、謝罪する際には「I apologize」などと言うこと——つまり、伝えたい内容に応じて言葉自体を使い分けること——を提案している。

これは要するに、「I'm sorry」という言葉が本来もっている意味の広がりを暗に利用しつつ、過失の承認につながるような意味——つまり、(2)「申し訳なく思う」に類する意味——の方のみを否認することによって、医療コンフリクトの場面で「I'm sorry」という言葉が役に立つようにしている、ということだ。そして、これには大きく分けて三種類の致命的な問題がある。「I'm sorry」という言う方を「医療者側」、それを聞く方を「患者側」と呼んで整理してみよう。

(a)まず、患者側がSorry Works! 運動やその主張について知らない場合には、それこそコミュニケーションの齟齬が生じうる。より強い言葉を用いるならば、医療者側は患者側を欺していることにもなりうる。というのも、患者側は少なくとも、医療者側は「I'm sorry」と言うことで単にこちらに対する共感を表明しているだけではなく、有害事象が生じたことを自分自身にとっても重大な事態だと認識し、（必ずしも過失の承認を含まない）後悔や申し訳なさも表明している、と受けとめうるからだ。いや、むしろ、普通はそのように受けとめるからこそ、医療者側からこの言葉が発せられることを自ずと期待しているわけであるし、実際に発せられたときにこの言葉を好意的に受けとめるのである。しかし、医療者側が実際には共感の表明という意味でのみ「I'm sorry」と言っているのだとしたら、誤解を患者側に与えることによって医療コンフリクトを回避している、ということになってしまう。

(b) 次に、患者側がこのSorry Works! 運動自体は知っているとしよう。この場合、患者側は、医療者側から発せられる「I'm sorry」という言葉の意味について懐疑に陥りうる。つまり、相手はこの言葉を発することで、こちらに対する共感を表明しているに過ぎないかもしれない、という懐疑である。そして、この懐疑は医療者側への不信に直結する。というのも、繰り返すなら、患者側が医療者側の「I'm sorry」という言葉を待つことで普通期待しているのは、たんにこちらに共感してくれたり同情してくれたりすることではなく、医療者側自身も事態を重大だと認識しているということであり、また、その認識に見合った行動――真相の開示や究明などの真摯な対応――を今後とってくれるということだからである。

(c)最後に、患者側もSorry Works!運動に賛同しているとしよう。この場合、患者側は、医療者側から発せられる「I'm sorry」という言葉はたんに共感の表明のみを意味しているとよく了解しているから、(a)の場合のように誤解することもないし、また、(b)の場合のような懐疑に陥ることもない。ただ、その代わりに、この言葉を以前のように重視しなくなるだろう。言い換えれば、ヴォイチェサックらの主張とは裏腹に、「I'm sorry」という言葉はたいして役に立たない(使えない、効果的でない)ものとなるだろう。再度繰り返すなら、この言葉が社会でこれまで伝統的に役に立ってきたのは、これが共感の表明以上のものを意味しうるということが広く了解されてきたからこそなのである。

†「すみません」と「I'm sorry」が含みうる曖昧性の相違点・共通点

したがって、いずれにしても、「I'm sorry」と言うことが元々もっている意味の広がりを〈共感の表明〉だけに狭めようとする試みは適当なものではない。では、「すみません」や「申し訳ありません」といった日本語の言葉についてはどうだろうか。

病院事例が日本語圏で起こったとき、担当医師が発する「すみません」や「申し訳ありません」という言葉も曖昧さを含みうるが、その内実は、医師が自分の過失を認めているか否かに関する曖昧さであって、先に255頁でも確認した通り、謝罪をしていること自体に変わりはない。つまり、この曖昧さは、英語の「I'm sorry」のように、そもそも謝罪をしているか否かに関する曖昧さではない。

そして、この曖昧さの種類の違いには、日本語圏の文化と英米圏の文化の違いを見て取ることができるかもしれない。第1章第3節の末尾（50―52頁）において跡づけたように、日本語圏の文化では、少なくとも英米圏の文化とは違って、〈謝罪すること〉と〈自分の過ちを認めて責任をとること〉とが必ずしも強力に結びついていないというのは、よく指摘されるところだ。これは逆に言えば、英米圏の文化では両者がしばしば強力に結びつくがゆえに、そもそも両者の間に曖昧さが存在しない、ということでもある。この見立てが正しいとすれば、英米圏の文化ではそこに曖昧さが存在しない代わりに、〈謝罪せずに残念だという思いを伝えること〉と〈自分の過ちを認めて責任をとることも含めて謝罪すること〉の間に曖昧さが確保されうる、と言えるのかもしれない。

ただ、仮にそうした文化間の違いがあるとしても、ひとつの点は共通している。それは、「すみません」や「申し訳ありません」にせよ、あるいは「I'm sorry」や「I regret...」にせよ、自分の過ちを認めて責任をとるという意志を示しているか否かに関して曖昧さが存在しうる、という点である。そして、このことには相応の、きわめて重要な役割を見出すことができる。

表13／病院事例に関して、日本語圏と英米圏の文化の違いとして想定される事柄

	日本語圏の文化	英米圏の文化
医師が発する言葉	「すみません」「申し訳ありません」等	「I'm sorry」「I regret...」等
その言葉が含みうる曖昧さの内実	その謝罪に、自分の過ちを認めて責任をとる意志が含まれているのか、それとも、（まだ）そうではないのか、という点が曖昧	そもそも謝罪をしているかどうか自体が曖昧
曖昧さの内実に関して、日本語圏と英米圏の文化で違いがある理由	日本語圏の文化では、〈謝罪すること〉と〈自分の過ちを認めて責任をとること〉とが必ずしも強力に結びついていない一方で、英米圏の文化では両者が強力に結びついており、この点に関しては曖昧さが存在しない →英米圏の文化では、〈謝罪せずに残念だという思いを伝えること〉と〈自分の過ちを認めて責任をとることを含めて謝罪すること〉の間に曖昧さが存在しうる	

たとえば病院事例において担当医師は、自分たち医療者に過失がないことをはっきり認識している場合であっても、あるいは、自分たちに過失があったか否かまだ明確でない場合であっても、因果責任とも役割責任ともつかない責任を感じている。そして、当該の有害事象を自分たちが重大な事態として受けとめているという認識や、亡くなった患者に対する哀悼の意、そして、患者の家族を気遣う気持ちを、できるかぎりの仕方で伝えたいと思う。すでに確認したことの繰り返しになるが（257頁）、こうした思いを表現するのに、「I'm sorry」や「すみません」といった言葉以上にしっくりくるものは、各々の文化圏において存在しないだろう。

また、患者の家族の側も、先ほどまで手術をしていた担当医師や他の医療者は、過失が

あろうがなかろうが、自分たちがかけがえのない経験をし、今回の事態に関して他の誰とも置き換えのきかない位置にいること（177頁参照）を痛感しているはずだ――そうであってほしい、そうであるべきだ――と見なしているだろう。それは当然のことだ。患者の家族のこうした期待に応えるという意味でも、独特の両義的で曖昧な意味合いを有する「I'm sorry」や「すみません」といった言葉が、ここではコミュニケーションの起点として最適の役割を果たしうるのである。

†謝罪に見出しうるもうひとつの特徴――真相の開示や究明への意志

たんに共感を表明するだけであれば、別に当事者でなくとも可能だ。トラック事例のような極端なケースですら、かけがえのない経験をして他の誰とも置き換えのきかない位置に立つ当事者は、自分のしたことにある種の責任を感じ、それに応じた行動をとる。まして、たとえば治療のプロセスの進行中に患者が亡くなってしまったケースなどにおいてはなおさらそうだ。というのも、この種の事態が発生した場合、少なくともその後しばらくは、当事者である担当の医療者以外には――ときに、その医療者自身にも――ことの真相がはっきりしないことが多いからだ。したがって、患者が亡くなったという事実を患者の家族に報告するだけで済むわけではなく、さらなる行動をとることが求められることになるのである。

具体的には、「I'm sorry」や「すみません」といった言葉を相手に発することで、相手だけではなく自分自身にとっても重大な事態が起こったという認識を表明することを皮切りにして、真相を明らかにする情報の開示、あるいは真相自体の究明を行っていく、という行動である。つまり、こうした場面で「I'm sorry」や「すみません」などと言う行為は、重大な損害が生じた事態の成立に深くかかわる当事者として責任を感じ、真相の開示・究明をめぐって相手とコミュニケーションを行う役割を新たに引き受けるという意味で、自身の責任を承認する行為でもあるのだ。

†十分な真相の究明から、有効な償いの追求へ

このように、謝罪という行為――あるいは、英語で「I'm sorry」と言う場合のように、謝罪か否かがときに曖昧であるような行為――には、焦点となる出来事がどのようなものだったかがはっきりしない場合にも、それをまさに明確にしていく意志を示すという特徴が含まれうる。したがって、先に表11（168頁）で示した謝罪の重要な特徴のうち、**謝罪の内容となる出来事の認識**というものにはうまく適合しない特徴を、謝罪という行為はときに有することになる。なぜなら、今まさに確認したのは、「すみません」や「申し訳あり

ません」などと言うことによって人は、自分（たち）が何をしてしまったのか——あるいは、何をしていないのか——が不明確なときに、その真相を究明する責任を引き受ける場合もある、ということだからだ。（さらに、この種の謝罪においては責任の所在も当然不明確であるから、**自己への責任の帰属**や、**後悔・自責、被害者への償い**といった諸特徴も適合しないことになる。）

そして、実際に真相を究明していく過程で、自分（たち）に過ちがあったことが明確になり、あらためて〈重い謝罪〉をすべき状況になる、というケースもあるだろう。病院事例でいえば、手術を担当した看護師のひとりが大きなミスをしていたことが判明した、といったケースである。ただ、さらにその原因を突き詰めてみれば、医療者個人というよりも、病院という組織全体の問題であることが明らかになるかもしれない。たとえば、当該の看護師があまりに過酷な勤務状況に置かれていたとか、病院が定めた安全管理体制がきわめて杜撰《ずさん》なものだった、といったことである。

もちろん、有害事象の発生に関して当事者の誰かに明確な因果責任があるのならば、その当事者は何らかの償いをする必要があるだろう。しかし、ただ何かを償えばよいというわけではなく、その償いの意義や有効性も考慮する必要がある。たとえば、今後同様の医療事故が起こるのを防ぐためにどうすればよいかという考慮である。そして、その結果、病院スタッフの勤務体制や安全管理体制を改善するということが、病院側による〈重い謝罪〉のなかに組み込まれるかもしれない。

ヴォイチェサック自身の経験でも、あるいは、本書で取り上げた犯罪被害のケース（102頁）でも、被害者はしばしば、自分たちと同様の目に遭う人がもう出ないことを真剣に願い、プロセスの改善に向けた具体的な道筋を示すことを求める。たんに「けじめをつける」とか「責任者を罰する」というだけでは、必ずしも誠意ある対応とは言えないのである。

†本節のまとめ

さて、本節では、Sorry Works! 運動の趣旨を批判的に検討しながら、有害事象の発生に際して、ことの真相や責任の所在などが不明確であるときに、それらをめぐるコミュニケーションの起点として謝罪——あるいは、謝罪か否か曖昧な行為——が果たしうる役割を輪郭づけてきた。（なお、本節で具体的に取り上げたのは医療コンフリクトをめぐる事例に限られるが、同様のポイントは他の場面にも広範に当てはまるだろう。）

ヴォイチェサックらは、言葉のもつ両義性や曖昧性を排し、〈「I'm sorry」は共感の表明のみを意味する〉などと定義して、〈有害事象が起こったときにはまず「I'm sorry」と言い、「I apologize」とは言わない〉といったハウツー的なマニュアルに落とし込もうとしている。もちろん、そうした単純化された図式を示すことや、医療者がその図式を頭に入れることは、現実の複雑な問題に取り組む際のとっかかりとしては有益な場合もあるだろう。たとえば、「すみません」や「I'm sorry」といった発話には共感の表明という側面もあるという点を学ぶことは、「すみません」や「I'm sorry」と言ったからにはとにかく責任をとって償わなければならない——だから、これらの言葉は絶対に患者側に言ってはいけない——といった狭隘で浅はかな見方から抜け出る、ひとつのきっかけにはなりうるだろう。

しかし、それだけだ。むしろ、たとえ分かりやすくなるとしても、言葉だけを見てその意味を決め打ちすることについては相当慎重でなければならない。「I'm sorry」や「I regret...」、あるいは「すみません」、「申し訳ありません」、「ごめんなさい」といった言葉には独特の両義性・曖昧性があり、それがあるからこそ、これらの言葉でしか表現できない思い、この言葉が最もしっくりくる思いというものがある。たとえば、必ずしも過失の承認を含まない後悔や申し訳なさといった心情である。

言葉自体を規制したり言葉の意味を無理に限定したりすることによって、「すみません」をはじめとする言葉が時と場合に応じてどれほど多様で複雑な事柄を意味しうるのかが顧みられないならば、重大な事態に直面したときに当事者たちが抱いて然るべきそうした思いや心情が不合理なものとされ、無理に合理化され、抑圧されてしまいかねない。「過失を認めていないのに申し訳ないと思うなどというのは不合理だ。そのときにあなたが口にした「すみません」は、実際には共感を表明しているだけなのだ」という風に。

物事を図式的に単純化して切り分けるマニュアル化は、しばしば人を思考停止させ、現実を歪めてしまう。重要なのは、謝罪というものの多様な側面に目を向け、柔軟に捉えることであり、「すみません」等々の発話が息づくそのつどの文脈を、前後の言葉や行動を通して明確にしていくことにほかならない。そうやってはじめて、我々は互いの思いや考えなどを理解し合い、互いの関係をはじめとする種々の次元の修復に取り組むことができる。そして、Sorry Works! 運動を始めたヴォイチェサックの元々の動機も、まさにそうした理解や修復の実現にあったはずなのだ。

エピローグ

†謝罪の全体像

本書は、謝罪の多様な側面を掘り下げながら、謝罪とは何かという問いを探究してきた。その枢要な結果は以下のポイントにまとめられるだろう。

図1および表2（27―28頁）で示した、謝罪以外の行為（呼びかけ、感謝など）から〈軽い謝罪〉、そして〈重い謝罪〉に至るグラデーション。

表11（168頁）にまとめた謝罪の「非本質的」かつ重要な諸特徴。および、そのうちの特に「被害者の修復」という項目に関して、表7（96頁）にまとめた諸特徴。

そして、これらの諸特徴が適合しない非類型的な謝罪の事例を分析することで明確に浮かび上がってきた、謝罪のさらなる重要な諸特徴。すなわち、謝罪は当事者の間で行われるということ（第4章第1節）。および、その「当事者」はときに拡張したり、曖昧になったり、多重化したりするということ（第4章第2節）。それから、謝罪はコミュニケーション、、、の起点として機能するということ（第4章第1〜3節）。

以上のポイントをすべて振り返り、見渡すことによって、「謝罪」という名で括られる多様な行為の家族的類似性（136頁）を見て取り、種々の行為が緩やかに結びつくこの概念の全体像を捉えることができるだろう。

†実践的なヒント

そして、本書の以上の探究からは、たとえばこの日本の社会において謝罪の失敗をどうすれば避けられるかという危機管理的な課題について、いくつか実践的なヒントを取り出すこともできる。すでに166―167頁では、自分がいま行おうとしている謝罪が表11の諸特徴のどれに当てはまるか――あるいはどの特徴が特に焦点となるのか――を把握することの重要性に言及したが、他の種類のヒントを以下に列挙してみよう。

【定型的な表現に頼り切らない】 謝罪には儀礼的な側面があり、特に〈軽い謝罪〉は儀礼的行為に近い（23―24頁）。これは裏を返して言えば、よくある定型的な言葉の使用や振る舞いに終始した謝罪は軽いものと見なされかねない、ということでもある。

たとえば、「この度は申し訳ございませんでした」と声を張り上げ、九十度腰を折って、十秒間頭を下げる――こうした決まり切った表現を受け取る側は、この人は本当に申し訳なく思っているのだろうかという疑いを抱きうる。「君はさっきから「すみません」ばかり言っているが、本当に悪いと思っているのか!?」といった具合だ。

もちろん、定型的な表現を完全に排してしまえば、そもそも謝罪をしているのかどうか分かりにくくなる。ただ、そうした表現のみに頼って、自分自身のいまの思いを丁寧に語ろうとする努力を怠っても、やはり悪い謝罪になってしまうだろう（152―154頁）。

【謝罪の理由として自分が何を言っているかに気を配る】 右の定型的な表現の問題とも深く関連することだが、人は謝罪しようとする際に、自身の責任を小さく見せるために――あるいは、そもそも特に深く考えずに――、「ご不快な思いをさせて申し訳ございません」とか、「誤解を招いたとすればすみません」といった常套句を使用することが多い。しかし、〈謝罪とは、焦点となる出来事を自分がどう認識しているかを、（認識自体が不明瞭であるならば、そのことも含めて）表明することを含む〉という本書全体の論点に鑑みても、こうした物言いには十分気をつけなければならない。

まず、「ご不快な思いをさせて申し訳ございません」や、「ご心配をおかけして申し訳ございません」、「お騒がせして申し訳ありません」といった、非常によく使われる言い方について考えてみよう。この種の言い方はしばしば、自分が謝るべき理由は相手を不快にさせたことや心配をかけたことや騒がせたことであって、自分のした罪や過ちではない、という認識を表明しているように聞こえるだろう。たとえば、当て逃げをした人物が、謝罪会見の場で「皆さまに不快な思いをさせて……」と言ったとすれば、その人物は自分が法や道徳にもとる行為をしたことや、被害者を不当に傷つけたことなどを謝っているのではないという風に、多くの人が受けとめるだろう。

　加えて、不快な思いをさせたということが、もしもそれだけで謝罪の理由になるのだとしたら、たとえば、同性愛者や同性婚に対して不快な思いを訴えている人（118―119頁）が、謝罪する方ではなく謝罪される方になってしまいかねない。したがって、不快な思いをさせたから謝るという場合には、たんにそれだけではなく、いかなる理由によって不快な思いをさせたのかという点まで含めて、自身の認識を表明できる必要があるのだ。

　ほかにも注意すべき常套句は多い。たとえば、非難されるべきことをなぜしたのかと問われた際の、「自分の弱さで……」とか「私の未熟さによって……」といった言葉、あるいは、「私の不徳の致すところで……」という類いの言葉だ。こうした常套句はどれも、自分がなぜそれをしたのかについての具体的な説明を拒むニュアンスや、自分のしたことが主体的で意図的なものであったことを否定するニュアンスを帯びやすい。つまり、自分がそのとき気持ちを強くもてたり、成熟していたり、徳をちゃんと備えてさえいれば、そんなことを敢えて自分からしようなどとは思わなかったはずだ、自分の性状に流されてどうしようもなくやってしまったんだ——そういう言い訳のニュアンスである。

同様に言い訳のニュアンス、あるいは責任転嫁のニュアンスを帯びやすい代表的な常套句としては、「皆さまの誤解を招いたとすれば申し訳ありません」とか、「そう受け取られたとしたら申し訳ございません」といった表現を挙げることができる。というのも、これでは、「あなたがたが誤解してしまった（そう受け取ってしまった）だけであって、私は非難されるべきことをしたつもりはない」と言っていることになるからだ。

それから、この「誤解を招いたとすれば……」といった物言いも含めて、条件つきの言い方をした謝罪というものがしばしば見られるが、その種の物言いは基本的に避けるのが適当だ。たとえば、「あなたを傷つけたとすれば、おわびいたします」といった言い方である。これは、焦点となる出来事がどのようなものだったかという根本的なポイントに関して、その判断ないし認識を相手に委ね、自分自身の認識を表明するのを拒否していることになる。それゆえ、このまさに無責任な物言いは、謝罪が謝罪として成立するための要件を満たしてすらいないのである。


【正当化や弁解との区別を明確にする】自分がしたことについて釈明する行為は、謝罪のほかに、弁解、正当化、否認といったものに分けられる（124、150―151頁）。先述の「誤解を招いたとすれば申し訳ありません」という常套句は、謝罪しているようでありながら、実際には、自分は非難されるべきことはしていないと主張している――つまり、正当化ないし否認をしている――とも受け取れる。このような混乱したメッセージ、あるいはごまかしとして受け取られやすいメッセージは、それ自体が不誠実な態度としてさらなる非難の対象となりうる。たとえば、自分のしたことには良い面もあったとか、自分以外にも原因があるとか、相手にも悪いところがあった、といったメッセージだ。たとえそれらが事実であるとしても、謝罪をする局面ではそうした自己正当化や責任転嫁につながる価値評価を直接言葉にすべきではないだろう。必要に応じて事実は事実として正確に説明しつつも、そのつど、責任はあくまで自分にあるという点を明確に示す必要がある。

また、現在の日本の社会、特に政治などの公的な領域では、自分の行いを後悔して申し訳ないとはっきりわびるべき場面で、「誠に遺憾に存じます」といった物言いがなされることがある。しかし、たとえば英語の「sorry」とは異なり、「遺憾」という言葉には「申し訳ない」とか「すまない」といった意味はなく、専《もっぱ》ら「期待したようにならず、心残りであること。残念に思うこと」(『日本国語大辞典』第二版)を意味する。したがって、謝罪が期待されている場面でこの言葉を用いることは、自分は非難されるべきことをしたつもりはないという否認を意味することになる。

重要なのは、自分が弁解や正当化や否認ではなく、まさに謝罪をしているということを相手に認めてほしい場合には、それらと謝罪との区別を明確にするように努めなければばならない、という点だ。たとえば、舌禍事件の後に非常によく使われる「言葉足らずで申し訳ありません」、「説明不足で申し訳ありません」、「言い方が適切ではなく申し訳ありません」等々の常套句は、多くの場合、「自分は非難されるべきことを言ったつもりはないが、ちゃんと明確に詳しく言わなかったばかりに、皆さんが誤解をしてしまった」と言っているように聞こえてしまう。これでは、謝罪をする気持ちがあるのかどうか疑われても仕方がない。

また、謝罪に際して言葉を尽くして説明を行うのは多くのケースで重要だと言えるが、説明するという行為は、言い訳をしている（弁解している、正当化している）という風にも受け取られやすい。したがって、詳しい説明を行う場合には、やはりそのつど、責任はあくまで自分にあるということを同時に強調するなどして、弁解・正当化との区別を明確にする必要がある。

【できるかぎり迅速に行う】 18―22頁において確認した通り、たんに「おわびします」（あるいは「すみません」、「ごめんなさい」等々）と言うだけでは謝罪にならず、これらの言葉は適切な状況において適切な仕方で発しなければならない。また、多くのケースで、謝罪は他者に促されることなく自発的に行うことが期待されている（154頁）。

このことから導ける重要なポイントは、謝罪は基本的に、できるかぎり迅速に行う方がよいということだ。たとえば、自分の責めに帰される有害事象が起こってから時間が経てば経つほど、また、問題が深刻であればあるほど、謝罪を求める周囲の声は大きくなる傾向にあるし、謝罪をしないこと自体に対する非難も大きくなる傾向にある。そして、そうなってから謝罪をしても、それは自発的になされたものではなく、周囲の圧力におされて仕方なく行ったものだ――そして、少なくともその点で誠意に欠けるものだ――という風に受け取られがちだ。そうなることを避けて効果的な謝罪を行うためには、できるかぎりの迅速さが必要になる。また、ことの真相がより明確になった際など、状況の変化に応じて再度謝罪をすることも、ときに必要になるだろう。

【拙速な改心のアピールや無理な約束は避ける】謝罪はできるかぎり迅速に行うべきだとはいえ、同時にその際には、拙速にことを運ばないようにも気をつける必要がある。たとえば、それこそ意図的に悪事を行って間もない段階で、自分はもう改心したとアピールするのは全く得策ではない。常識的に、人はそう簡単に心を入れ替えることなどできないからだ（116―117頁）。むしろ、これからどうやって心を入れ替えていくか、自分の信念や価値観をどう改善していくかを、具体的に説明する方が誠意のある態度と見なされうる。

それから、履行することが難しいことについて、安易に「もう二度と〇〇しません」とか、「これからは絶対に〇〇すると誓います」という風に約束するのも避けるべきだ。明らかに無理な約束をすれば謝罪自体の誠意を疑われるし、また、約束を破った場合には、遡及的に謝罪が無効と見なされうるのみならず、さらに大きな信用を失う恐れすらあるからだ（118―119、139頁以下）。

【「自分が楽になりたいだけだ」と思われないようにする】謝罪することは、被害者だけではなく加害者の修復に資する場合があるが（108―111頁）、そのなかには、謝罪することで肩の荷が下りるとか、自分の気持ちが楽になる（気持ちが済む）、という点も含まれる（162、165頁）。

謝罪のこうした利己的とも言いうる側面が前面に出すぎると、やはり、謝罪の動機や誠意といったものが疑われることになる。たとえば謝罪の一環として、責任をとって職を辞するとか役員を降りるなどと表明したとしても、それが当人にとってさほど厳しい処置ではないと見なされれば、「楽になりたかっただけではないか」とか「結局のところ逃げたのではないか」などと受け取られかねない。むしろ、辞任することがなぜ必要なのか、それがなぜ償いや制裁といったものになるのか、辞任するまでに何をして償うのか、といった中身をきちんと示すことこそが重要である。

【謝罪をする相手や順番を明確にする】これはすでに205―208頁で指摘した点だが、謝罪をする相手はときに広範にわたったり不特定多数になったりすることもあれば、異なる人や集団に対してそれぞれ異なる理由で謝罪することなどもある。そうした場合、自分がいまいったい誰に対して、何を謝るのか、また、誰から先に謝るのか、という認識や選択を誤れば、さらなる非難を招いてしまう。この点にも注意が必要だ。

【誰が謝罪をしているかを明確にする】 また、第4章第2節の後半（208頁以下）で確認した通り、謝罪の主体もときに拡張したり、曖昧になったり、多重化したりしうる。それゆえ、自分がいまどのような「持ち場」に立つ者として謝ろうとしているのかを意識しなければならない。たとえば、親としてか、子としてか、企業の社員としてか、社長としてか、といったことである。

【必要に応じて第三者を立てる】 加害者と被害者が面と向かって向き合いつつ、謝罪を起点にして和解や赦しに至ることは、特に、その損害が重大なものであればあるほど、かなり厳しい道のりになる。謝罪の機会を設定すること自体を可能にするためにも、たとえば、修復的司法が重視するメディエーションのプロセス（112頁）は有効になりうるだろう。実際にいま、医療コンフリクトも含めた広範な場で、専門の教育を受けたメディエーター（仲介者・媒介者）を介することにより、お互いに見えていない相手の事情や深い思いを理解し合い、それぞれの認識を変えていくという実践がなされている（和田・中西二〇一一）。日常の場面でもときには、加害者にも被害者にも偏りすぎない第三者を介在させることで、相互理解の通路をつくることが有効となるはずだ。

†良い謝罪への第一歩としての、謝罪という行為の複雑さや難しさに対する理解

ほかにも実践的なポイントはさまざまに取り出すことができるだろう。また、必要以上に丁重に謝り倒すとか、表情や声色やタイミングなどを工夫するといった、誠意があるように見せたり誠実な人であるように見せたりする演出上のテクニックも、色々と挙げることができるだろう。ただ、そうしたものをどれだけ集めたとしても、要するにハウツー的なマニュアル以上のものにはならない。そして、そのようなマニュアル化が孕む問題の一端は、先に第4章第3節で取り上げたばかりだ。

現実には、マニュアルには当てはまらない状況や、マニュアルがかえって障害となるような状況が、いくらでも存在する。たとえば、過剰な謝罪がかえって不誠実という印象を与える一方で、そもそも謝罪をせずに、みずからの信念に基づき、自分の行為を正当化する釈明を毅然と行う方が、誠実な態度だとか真摯な姿勢だなどと見なされることもあるだろう。また、丁重に謝罪することによって、相手がはじめて事態を重大だと認識するよう

になり、簡単に済ますことができなくなってしまう、ということもあるだろう。それから、たとえば「ご不快な思いをさせて……」とか「ご心配をおかけして……」等々の言葉はいつでも絶対に使うべきではない、というわけではない。不快な思いをさせたことや心配をかけたことが、まさに謝罪の理由として適当である場合もありうるからだ。

むしろ最も重要なのは、マニュアルでは対処しきれない現実の難しさに対して、骨折ることを厭《いと》わずに向き合ってよく考えることだ。本書ではこれまで、謝罪することを難しくさせる要素をさまざまに挙げてきた。たとえば、損害を埋め合わせることの難しさ（＝損害の取り返しのつかなさ）。和解や赦しの難しさ。心から反省して改心することの難しさ。謝罪の客体の拡張性・曖昧性・多重性にまつわる種々の難しさ。誰かとともに——あるいは、誰かの代理や代表として——謝罪することの難しさ。そして、誠意を証し立てることの難しさ。

相手に圧力をかけて問題の解決を図ること——土下座をし続けるとか、周囲の同情を買うなどして、和解や赦しを相手に事実上強いるといったこと——は、こうした難しさから逃れ、真摯な謝罪を諦めることだ。また、謝罪する側だけでなく謝罪を要求する側も、こうした難しさを無視することで真摯さを失う恐れがある。たとえば、何が損なわれ、何が埋め合わされるべきなのか。なぜ他の行為ではなく謝罪を求めるのか。なぜ、その人ないしその集団に謝罪を求めるのか。——これらの点を何も考慮することなく謝罪の要求をしても、問題の解決への糸口を見出すことは困難だ。また、そのような無闇な要求は、243頁でも触れたように、不当な圧力や脅しや暴力に堕してしまいかねない。

謝罪という行為は、それをすることも、それを要求することや受けることも、決して簡単とは言えない。この点をまず踏まえることが、謝罪を良いものとするための第一歩であることに間違いはない。

†なぜ、子どもに謝罪の仕方を教えるのは難しいのか

そして、この点から、本書のプロローグで示した問いに答えることができるだろう。子どもに謝罪の仕方を教えるのが難しいのは当然だ。なぜなら、それはほとんど、この社会で他者とともに生きていく仕方を教えることだからだ。たとえば、電車では何をしてよくて、何をしてはいけないのか、といった社会のルール（マナー、道徳、法など）。何が重大な出来事なのかや、人が何に傷つくのかなどについての知識や感覚。取り返しのつくものとつかないものの区別。約束の仕方。責任とは何か。誠実さとは何か、等々。

だから、本書で跡づけた謝罪の複雑な構造すべてを、子どもに対して一挙に教え込もうとすべきではないし、そのようなことはそもそも不可能だ。マナーと〈軽い謝罪〉のあわいにあるような場面――たんに「ごめんなさい」と言えばよい場面――から始まって、「ご

めんなさい、もうしません」と約束しなければならない場面など、子どもはそのつどの状況ごとに「謝罪」という概念の多様な側面のひとつひとつをじっくりと学んでいく以外にない。それこそ、ババ抜きや野球、チェス、コンピュータゲームなどをひとつひとつ覚えるなかで、やがて、家族的類似性によって緩やかに輪郭づけられる「ゲーム」という概念の全体像を見渡す基礎ができるのと同様に。

本書は、子どもが次第に大人に成長し、謝罪の諸側面やその関係を学び、やがて、謝罪をすることの真の難しさと重要性を知る地点まで、その過程を辿り直す道行きだったと言える。そして、本書の末尾に至って我々がいま立っているのも、まさにこの地点である。

註

1 『日本国語大辞典』第二版では、実際には「赦」ではなく「許」という漢字がここで用いられているが、(1)相手が何かをするのを許可することと、(2)相手の罪などをこれ以上咎《とが》めずに済ませることとの混同を避けるため、本書ではこの箇所以外でも、(1)の意味の「ゆるす」は「許す」、(2)の意味の「ゆるす」は「赦す」と表記して、区別を明確にしている。この点については本文の84頁や88頁も参照されたい。

2 日本語の「わびる（侘びる、詫びる）」という言葉の多義性については、第1章第3節において、あらためて主題的に取り上げる。

3 これは言い換えれば、謝罪がそれとして成立するかどうかと、その謝罪が良いものかどうかというのは、必ずしも明確に区別できる事柄ではなく、この二つの要素はしばしば互いに入り交じっており、分かちがたいということだ。（たとえば、〈謝罪することに失敗した〉とか〈謝罪が不適切なものだった〉というのは、そもそも謝罪にならなかったことを意味するのだろうか。それとも、駄目な謝罪だったことを意味するのだろうか。両者を区別することは多くの場合困難だろう。）

本書では基本的に、両者を無理に切り分けるというよりも、両者の区別自体にあまり重きを置かないかたちで議論を進めていく。ただし、エピローグをはじめとするいくつかの箇所では、謝罪の良し悪しをめぐる実践的なポイントにも言及している。

4 オースティンも、「おわびします」や「すみません」といった行為遂行的発話の不適切とはしばしば不誠実さ（insincerity）である、ということを示唆している（Austin 1962: 80/126）。なお、謝罪の誠実さという論点は、本書でこの後たびたび顔を覗かせることになるが、特に第3章第3節において、この論点を主題的に取り上げて検討する。

5 日本語における感謝と謝罪の言語表現にしばしばスペクトラム的構造が見られることに着目し、それを発話者の心理という観点から分析している論考として、佐久間（一九八三）がある。

6 この点に関しては、後の第3章第2節（150―152頁）において主題的に取り上げる。

7 哲学者の池田喬は、この和辻の謝罪論に、Schuld（責め、借り）という観点を基底にして道徳性を捉えようとするハイデガーの思考との共通性を認めている（池田二〇二一：292―294）。

8 和辻の行為論の詳細については、たとえば飯嶋（二〇一九）の特に第七章を参照されたい。

9 日本語学者の永野賢は、「すみません」が感謝の意味で用いられるようになったのは「昭和の初年ごろ、早くても大正年代」（永野一九六九：133）だと推定しているが、『日本国語大辞典』第二版には、同種の用法として明治時代中頃のものも挙げられている。いずれにせよ、感謝の「すみません」が百年近く前から広まった用法であることは確かだろう。

10 ただし、和辻自身はベネディクトの『菊と刀』の全体の論旨については否定的である。和辻は、特に『菊と刀』の第二～三章の論述に対して、第二次大戦に至るたかだか十数年の間に猛威をふるった軍部のイデオロギーを、「日本」あるいは「日本人」の考え方として用いている、と批判している（和辻一九五〇）。

11 たとえば、謝罪論の文脈でベネディクトと土居の議論をともに取り上げつつ批判的に検討しているもののひとつとして、Tavuchis（1991）の特に37―42頁の論考が挙げられる。

12 佐久間（一九八三）、三宅（一九九三）、森山（一九九九）、尾鼻（二〇一五）等々。

13 https://www.bunka.go.jp/seisaku/kokugo_nihongo/kyoiku/handbook/

14 ただし、ハート自身がこれらの用語に込めた意味と、(a)および(b)の説明がぴったり一致しているわけではない。ハートによる責任概念の分析の詳細と、それが抱える諸問題については、瀧川（二〇〇三：26以下）を参照されたい。

15 この効果を、大渕憲一は「一種の感情宥和効果」（大渕二〇一〇：70）として特徴づけている。

16 謝罪という行為に関連してストローソンの議論――とりわけ、「反応的態度」をめぐる彼の議論――に着目している論考としては、Radzik（2009: 183-184）およびRadzik（2016: 111-112）

も参照されたい。

17　ただしこれは、（ストローソン自身の考えはどうであれ）反応的態度は人間以外には決して向けられない、ということを意味するわけではない。たとえばヒグマに家族を食い殺された人が、そのヒグマに強い怒りを覚え、復讐を誓う、といったこともある。

　また、「反応的態度」にまつわるストローソンの議論は、それ自体としては、決定論と自由の相克という哲学上の伝統的な論争の文脈で提示されたものであり、その後、さまざまな批判的検討を受けている。その具体的な中身については、高崎（二〇二二）の第7章を参照されたい。

18　たとえば大渕（二〇一〇：36）において紹介されている実証的な心理実験では、謝罪には相手の怒りを比較的早く低減させる効果があることが確認されている（Anderson et al. 2006）。

19　理不尽な事件や事故に巻き込まれた被害者が、自分が不用心だった、自分に咎《とが》があった、自分が悪いのだ、という風に過剰に自分を責めるケースは、社会心理学の分野で「被害者非難（victim blaming）」と呼ばれるものを、被害者が自分自身に向けるケースだと言えるだろう。「被害者非難」へと結びつきがちな人間の心的傾向、および、それと関連する「公正世界信念」や「公正推論」といった概念については、社会心理学者の村山綾が見通しのよい整理を示している（村山二〇二三：第2章）。

20　この点に関してアーレントは、たとえばナチス・ドイツによるユダヤ人大量虐殺のような戦争犯罪はどこまでも赦しえない罪であり、それゆえ、公共的な活動として「罰する」というかたちでその罪に終止符を打つこともできない、と主張している（Arendt [1958] 1998: 241/377; Arendt [1964] 2003: 26/45）。こうした彼女の議論に批判的な検討を加え、赦しという契機の無条件性や予見不可能性を強調する代表的な論考として、Derrida（2012）を参照されたい。

21　この共通点は、ゼアの主著 *Changing Lenses* の第二版（一九九五年刊行）までの段階では強調されておらず、それまではむしろ、応報的司法と修復的司法の違いが鋭く際立たせられていた。

転機になったのは、主としてC・G・ブランクによる批判（Brunk 2001）であり、これを受けてゼアは、応報的司法と修復的司法の間に明確な線を引く初期の立場を撤回することとなった（*Changing Lenses* の第三版以降にはこの転向が反映されている）。また、修復的司法の理論自体は本節で概観するゼアの立場が源流となっているが、その後、具体的な実施形態も、また、そもそもの考え方も、実に多様なものに分化している。これらの点に関しては、たとえば本間（二〇一四）において、修復的司法の宗教的な背景も含めて詳細かつ簡明な整理がなされている。

22 「メディエーション」と、たとえば日本の裁判所が主導する民事調停や家事調停としての「調停」の違いについて、たとえば安藤・田中（二〇一五）では次のように説明されている。まず、「メディエーションは、対立する当事者が……対話により、問題となっている感情や事柄を当事者自身がお互いに理解しようとする場で、人間関係の修復やそこで起こっている問題の解決を試みる方法」（同4）である。その場には訓練を受けたメディエーターが第三者として同席し、「当事者間のコミュニケーションの場をつくり、当事者の理解や認知の変容を支援する」（同13）ことになる。他方、調停は、原則的に当事者同士は同席せず、裁判所の定めたルールの下に調停委員が主導し、主に法的要件に焦点を当てたかたちで和解の可能性を模索する方法である（同5－9）。

23 朝日新聞デジタル 二〇二二年一〇月四日付配信記事（https://www.asahi.com/articles/ASQB44R58QB4OIPE006.html）

24 東海テレビ 二〇二三年二月二八日付配信記事（https://www.tokai-tv.com/tokainews/article_20230228_25586）

25 川崎は実際には、⑴を「出来事の認知」と表記しているが、本書中の主な言葉遣いと整合させ、読者を無用に混乱させないため、「認知」を「認識」と言い換えている。また、川崎は⑵を「責任の帰属」とのみ表記しているが、誰に対する帰属であるのかを明確にするために、本書では「自己への」という表現を付加している。

26 たとえば哲学者のA・I・コーエンは、広義の「是正の申し出（offer to correct）」として謝罪を捉える立場を強力に推進しているが、同時に、この立場は「謝罪の理論におけるいくつかの要素のアウトラインを示すに過ぎず、不完全なものであって、いくつかの謝罪に見られるいくつかの特徴を見逃している」（Cohen 2020: 16）と認めている。

なお、謝罪の特徴は、本文に挙げたもの以外にも数多く見出すことができる。たとえば、大抵の謝罪はすでに起こってしまった事態に関して行われるものだ。これは当たり前のことに思えるかもしれないが、実際には、これから起こる事態に関してあらかじめ謝罪が行われるケースもなくはない（騒音が出るであろう工事の前に、影響を受ける可能性が高い関係者に対して責任者が謝ってまわる、など）。

27 スミスは、こうした種類の謝罪を「定言的謝罪（categorical apology）」と名づけている。彼によれば定言的謝罪とは、あるべき謝罪の理想的なモデルとなるものであり、他の謝罪を評価するための基準（benchmark）としての役割を果たすものだという（Smith 2008: 142）。

28 この点は、Cohen（2020: 30）においても指摘されている。

29 もちろん、謝罪のなかに正当化や弁解といった要素が含まれることはあるし（「本当に申し訳なかった。でも、これにはかくかくしかじかの事情があったということも理解してほしい」等々）、また、逆に、弁解のなかに謝罪などの要素が含まれることもある（「これにはこうしなければならない理由があったのだが、その部分については申し訳なく思っている」等々）。つまり、これら四種の釈明は必ずしも互いに排他的なものではなく、そのつどの釈明の主眼となるものを特徴づける分類だと言えるだろう。

なお、弁解という行為の特徴、および謝罪との違いについては、アーヴィング・ゴフマンによる整理も参照されたい（本書124－125頁）。

30 哲学者の小手川正二郎は、エマニュエル・レヴィナスの議論も参照しながら、「責任を負う」ことと「責任を感じる」ことの違いについて、より詳細な分析を行っている（小手川二〇一六）。

31 実際、大渕自身も、「純粋の非戦略的釈明というものも、時にはあるのかもしれませんが、多分、それはきわめて稀なものでしょう」（大渕二〇一〇：96－97）と述べている。

32 以下の「トラック事例」と、それに対する分析は、古田（二〇一三：179以下）において展開したものをベースにしている。

33 これと似て非なるものとして、ある悪事の実行犯となった者が、そのことに関して謝罪するのではなく、たとえば次のように弁解するケースがある。「私は組織の歯車となって動いただけだ。誰でも私の立場に置かれたら同じことをしただろう。私に責任はない」。

34 『エゴイスト』は当初、二〇一〇年に「浅田マコト」名義で小学館より単行本として刊行されたが、その後、「高山真」に変更して電子書籍化と文庫化がなされた。

35 人間のこうした一般的傾向性については、村山（二〇二三）の第1章を参照されたい。また、先に註19で触れた「被害者非難」や「公正世界信念」といった概念も、この傾向性と深く関連している。

36 小説『エゴイスト』において「ごめんなさい」という言葉は、この物語の全体にかかわる多様かつ象徴的な役割を背負っており、それは本書の紙幅で紹介しきれるものではない。たとえば、浩輔は母の仏壇の前などで、度々「ごめんなさい」という言葉を繰り返す。龍太の母親も、浩輔に対して折に触れて「ごめんなさい」と言う。本書では、この小説世界において「ごめんなさい」が含みもつ深く複雑な意味合いの一部を切り取っているに過ぎない。

37 ほかにも、人はときにペットなどの動物に対して謝ったり、乳幼児に対して謝ったりなどする。また、相手からの応答が（必ずしも）前提に置かれていない類いの謝罪としては、神や仏といった超越的存在に対して謝るという行為も挙げることができる。ただ、これらの種類の謝罪については本書では扱わない。

38 もちろん、誰かの代理ないし代表となるための条件が、いかなる種類の行為に関しても存在するとは限らない。ここで問題にしているのは次のような事柄である。誰かの代わりに——あるいは、誰かを代表して——特に謝罪という行為をする理由や動機を人がもつのは、一般にどのような場合か。また、誰かの代理ないし代表として謝罪する者に対して、「なぜあなたが謝るのか」といった疑問や「あなたに謝ってもらう筋合いはない」といった批判が向けられにくいのは、一般にどのような場合か。

39 BBC News 二〇二〇年一二月六日付配信記事 (https://www.bbc.com/news/entertainment-arts-55205354)、BBC News Japan 二〇二〇年一二月七日付配信記事 (https://www.bbc.com/japanese/55211350)

40 ただしこのことは、〈企業それ自体が行為主体として存在する〉という形而上学的な主張を含意するわけではない。本書ではこの問題には踏み込まないが、集団自体が謝罪という行為の主体となりうるかという問いをめぐっては、たとえば Cohen (2020: Chap. 7) を参照されたい。

41 ただ、この点に関してアーレント自身は明確に論じていないし、別の箇所では、個別の集合的責任から逃れるために個別の共同体から離脱できる可能性について言及すらしている (Arendt [1968] 2003: 150/279)。また、彼女は、集合的責任とは政治的な責任であって、この責任を負う者には罪 (guilt) があるわけではなく、罪を感じるとしてもそれは比喩的な意味合いに過ぎない、とも主張しているが (ibid.: 147/274-275)、この点も含め、彼女独自の「集合的責任」概念の意味づけや「罪」の特徴づけに関して、本書ではこれ以上の解釈には踏み込まない。

42 哲学者の別所良美はこの点を、断罪と謝罪の違いとして浮き彫りにしている。そして、批評家の加藤典洋が『敗戦後論』(加藤［一九九七］二〇一五) をはじめとする諸論考で主張してきた〈日本人の人格分裂〉および、〈日本人として謝罪する論理の不在〉を、この点から解釈している (別所一九九九：131–132)。

43 歴史学者のテッサ・モーリス=スズキは、先行世代から後続世代への「implication (連累、連座、密接な関係・かかわり合い)」という概念を提唱しつつ、先行世代のなした不正義を後続世代が正さずに差別や排除などを残存させ、その再生産を許すことを、法律用語の「事後共犯」——ある犯罪が行われた後に、ある人を犯人と知りながら匿《かくま》うなどして、処罰から逃れさせようと援助する者——になぞらえている（モーリス＝スズキ［二〇〇二］二〇一三：65－68）。しかし、そうした再生産を止め、不正義を正すことそれ自体に、少なくとも後続世代による謝罪という行為が不可欠だとは言えない。

44　一九九七年五月二六日の演説の政府公式記録（https://pmtranscripts.pmc.gov.au/release/transcript-10361）

45　二〇〇八年二月一三日の演説の政府公式記録（https://pmtranscripts.pmc.gov.au/release/transcript-15758）

46　INPS Japan 二〇〇八年二月二五日付配信記事（https://inpsjapan.com/news/australia-apology-to-stolen-generations-a-good-start/）

47　AFPBB News 二〇〇八年二月一三日配信記事（https://www.afpbb.com/articles/-/2350297）ほか、以下の記事および論文も参照されたい。INPS Japan 二〇〇八年二月二五日付配信記事（https://inpsjapan.com/news/australia-apology-to-stolen-generations-a-good-start/）、窪田（二〇一一：75）。

48　政治哲学者のI・M・ヤングは、先行世代が行った先住民の迫害などについて後続世代が「誰も自分たちを責めることはできない」と言うことは正当であると認めつつ、「〔後続世代が〕現在において、どのように過去を語るかということには責任がある」（Young 2011: 182/277）と指摘する。そして、こう続けている。「社会における個人や集団が過去の不正義の物語をどのように語り、不正義と現在とのつながり、あるいは決別についてどのように語るかを決めることは、社会の構成員がいま、お互いにどのようにかかわり、どのようにより公正な未来をつくりだすことができるのかについて、多くを説明する」（ibid.）。

　ただし、ヤングは、そのように過去の歴史を問題にすることは、「非難したり、処罰したり、被害の補償を求めたりするためではない」（ibid.:

173/265）と論じ、たとえば「現在のアメリカ人、特に白人のアメリカ人が奴隷制の歴史的不正義に対してとる責任について語るために、非難、罪、負債、補償といった用語を使うことには意味がない」（ibid.: 174/266）とまで述べている。だが、少なくとも補償は、同じ金額や内容であっても投資や給付などとは意味が異なり、人々の間に（和解も含めて）新たな関係を構築し、公正な未来をつくりだすことに関して重要な役割を果たしうるものだ。そして、謝罪は多くの場合、補償を行うことの前提を成すと同時に、補償の方もしばしば、謝罪の一環ないしは「おわびの印」としての役割を果たすのである。

49 時事通信 二〇二三年二月一三日付配信記事（https://www.jiji.com/jc/article?k=2023021300684&g=int）

50 ロイター通信 二〇二一年二月一五日付配信記事（https://jp.reuters.com/article/australia-politics-indigenous-idJPKBN2AF0G0）

51 ただしヴォイチェサックらは、実際にはこの種の法が制定される前も後も、医師が「I'm sorry」と言ったことがその後の裁判などで不利な証拠として働いたことはまずないということを示唆しており（Wojcieszak et al. 2010: 90/102）、「いわゆる謝罪を免責する法の類いは、実際のところ、法的にほとんど価値をもたない」（ibid.: 83/96）とまで言い切っている。
　また、日本に関しても、医療訴訟三十二例を調査した報告によれば、「謝罪をすることで即訴訟上不利な立場に立たされるとはいえず、事案によっては逆に謝罪しないことで不利な立場になる」（山崎 二〇〇七：106）という結論が導かれるという。

52 同情（sympathy）と共感（empathy）の区別、および両者の関係については、たとえばSlote（2007: Chap. 1）を参照されたい。

【邦語文献】

・安藤信明・田中圭子（二〇一五）：『調停にかかわる人にも役立つメディエーション入門』、和田仁孝［監修］、弘文堂。
・飯嶋裕治（二〇一九）：『和辻哲郎の解釈学的倫理学』、東京大学出版会。
・池田喬（二〇二一）：『ハイデガー『存在と時間』を解き明かす』、NHKブックス。
・井田良（二〇一八）：『講義刑法学・総論（第2版）』、有斐閣。
・大坪陽子・荒神裕之・雑賀智也（二〇一八）：『看護の現場ですぐに役立つ医療安全のキホン』、秀和システム。
・大渕憲一（二〇一〇）：『謝罪の研究――釈明の心理とはたらき』、東北大学出版会。
・尾鼻靖子（二〇一五）：「感謝表現としての「ありがとう」と「すみません」の境界線――シンボリック相互作用理論を適用して」、『言語と文化』18、15―28頁。
・加藤典洋（［一九九七］二〇一五）：『敗戦後論』、ちくま学芸文庫。（初刊：講談社、一九九七年）
・川﨑惣一（二〇一九）：「人はなぜ謝罪するのか」、『宮城教育大学紀要』53、37―47頁。
・川瀬貴之（二〇一一）：「国民国家の集団的責任と過去の不正義の補償」、『千葉大学法学論集』26(3)、1―60頁。
・窪田幸子（二〇二二）：「先住民族との和解にむけて――謝罪、補償とトラウマの修復」、『アイヌ・先住民研究』1、67―82頁。
・熊谷智子（一九九三）：「研究対象としての謝罪――いくつかの切り口について」、『日本語学』12(12)、明治書院、4―12頁。
・小手川正二郎（二〇一六）：「「責任を負うこと」と「責任を感じること」――レヴィナスの責任論の意義」『國學院大學紀要』54、29―42頁。
・齋藤純一（一九九九）：「政治的責任の二つの位相――集合的責任と普遍的責任」、『戦争責任と「われわれ」――「「歴史主体」論争」をめぐって』、安彦一恵・魚住洋一・中岡成文［編］、ナカニシヤ出版、76―98頁。

・佐久間勝彦（一九八三）：「感謝と詫び」、『話しことばの表現』〈講座　日本語の表現3〉、水谷修［編］、筑摩書房、54―66頁。
・司法研修所［編］（二〇一二）：『裁判員裁判における量刑評議の在り方について』、法曹会。
・高崎将平（二〇二二）：『そうしないことはありえたか？――自由論入門』、青土社。
・瀧川裕英（二〇〇三）：『責任の意味と制度――負担から応答へ』、勁草書房。
・土居健郎（［一九七一］二〇〇七）：『「甘え」の構造（増補普及版）』、弘文堂。（初刊：一九七一年）
・三宅和子（一九九三）：「感謝の意味で使われる詫び表現の選択メカニズム――Coulmas (1981) の indebtedness「借り」の概念からの社会言語的展開」、『筑波大学留学生センター日本語教育論集』8、19―38頁。
・モーリス＝スズキ、テッサ（［二〇〇二］二〇一三）：「批判的想像力の危機」、『批判的想像力のために――グローバル化時代の日本』、平凡社ライブラリー、44―71頁。（初刊：『世界』683、二〇〇一年）
・永野賢（一九六九）：『にっぽん語風俗学』、明治書院。
・林範彦（二〇一六）：「罵声とあやまり」、『日本文化事典』、神崎宣武・白幡洋三郎・井上章一［編］、丸善出版、102―103頁。
・藤田眞幸（二〇二二）：「医師として必ず心得ておくべき医事紛争回避のための視点」、『週刊医学界新聞』3477、医学書院。
・古田徹也（二〇一三）：『それは私がしたことなのか――行為の哲学入門』、新曜社。
・別所良美（一九九九）：「「日本人として」謝罪する論理」、『戦争責任と「われわれ」――「「歴史主体」論争」をめぐって』、安彦一恵・魚住洋一・中岡成文［編］、ナカニシヤ出版、115―139頁。
・本間美穂（二〇一四）：「修復的司法論における諸宗教解釈――「起源神話」と「霊性的根源」プロジェクトを中心に」、『東京大学宗教学年報』31、101―120頁。

・村山綾（二〇二三）：『「心のクセ」に気づくには――社会心理学から考える』、ちくまプリマー新書。
・森山卓郎（一九九九）：「お礼とお詫び――関係修復のシステムとして」、『國文學――解釈と教材の研究』44(6)、78―82頁。
・山口厚（二〇〇八）：『刑法入門』、岩波新書。
・山崎祥光（二〇〇七）「医療紛争と謝罪“Sorry Works Movement”第3回　謝罪が訴訟に及ぼす影響」、『医療安全』13、102―107頁。
・和田仁孝（二〇〇七）「医療紛争と謝罪“Sorry Works Movement”第1回　謝罪とはなにか?」、『医療安全』11、84―88頁。
・和田仁孝・中西淑美（二〇一一）：『医療メディエーション――コンフリクト・マネジメントへのナラティヴ・アプローチ』、シーニュ。
・和辻哲郎（［一九三七］二〇〇七 a）：『倫理学（一）』、岩波文庫。（初刊：『倫理学』上巻、岩波書店、一九三七年）
・和辻哲郎（［一九三七］二〇〇七 b）：『倫理学（二）』、岩波文庫。（初刊：『倫理学』上巻、岩波書店、一九三七年）
・和辻哲郎（一九五〇）：「科学的価値に対する疑問」、『民族學研究』14(4)、23―27頁。

【欧語文献】

・**Anderson, J. C. & Linden, W. & Habra, M. E. (2006)**: “Influence of Apologies and Trait Hostility on Recovery from Anger” in *Journal of Behavioral Medicine*, 29(4), pp. 347-358.
・**Arendt, Hannah ([1958] 1998)**: *The Human Condition*, 2nd Edition, University of Chicago Press. (First published in 1958.)（アレント『人間の条件』、志水速雄［訳］、ちくま学芸文庫、一九九四年）
・**Arendt, Hannah ([1964] 2003)**: “Personal Responsibility Under Dictatorship” in her *Responsibility and Judgment*, Jerome Kohn (ed.), Schocken Books, pp. 17-48. (First delivered in 1964.)（アレント「独裁体制のも

とでの個人の責任」、『責任と判断』、中山元［訳］、ちくま学芸文庫、二〇一六年、30―82頁）
・**Arendt, Hannah ([1968] 2003)**: "Collective Responsibility" in her *Responsibility and Judgment*, Jerome Kohn (ed.), Schocken Books, pp. 147-158. (First delivered in 1968.)（アレント「集団責任」、『責任と判断』、274―294頁）
・**Austin, J. L. ([1956] 1970)**: "Performative Utterances" in his *Philosophical Papers*, 2nd Edition, J. O. Urmson & G. J. Warnock (eds.), Clarendon Press, pp. 233-252. (First delivered in 1956.)（オースティン「行為遂行的発言」、中才敏郎［訳］、『オースティン哲学論文集』、坂本百大［監訳］、勁草書房、一九九一年、379―409頁）
・**Austin, J. L. (1962)**: *How To Do Things With Words*, Clarendon Press.（オースティン『言語と行為――いかにして言葉でものごとを行うか』、飯野勝己［訳］、講談社学術文庫、二〇一九年）
・**Benedict, Ruth (1946)**: *The Chrysanthemum and the Sword: Patterns of Japanese Culture*, Houghton Mifflin.（ベネディクト『菊と刀』、角田安正［訳］、光文社古典新訳文庫、二〇〇八年、ほか）
・**Brunk, C.G. (2001)** "Restorative Justice and the Philosophical Theories of Criminal Punishment" in *The Spiritual Roots of Restorative Justice*, M.L. Hadley (ed.), State University of New York Press, pp. 31-56.
・**Cohen, A. I. (2020)**: *Apologies and Moral Repair: Rights, Duties, and Corrective Justice*, Routledge.
・**Corlett, J. A. (2010)**: *Heirs of Oppression: Racism and Reparations*, Rowman & Littlefield.
・**Derrida, Jacques (2012)**: *Pardonner: L'impardonnable et l'imprescriptible*, Éditions Galilée.（デリダ『赦すこと――赦し得ぬものと時効にかかり得ぬもの』、守中高明［訳］、未來社、二〇一五年）
・**Gill, Kathleen (2000)**: "The Moral Functions of an Apology" in *The Philosophical Forum*, 31(1), pp. 11-27.
・**Goffman, Erving (1971)**: *Relations in Public: Microstudies of the Public Order*, Allen Lane.
・**Gruber, M. C. (2014)**: *I'm Sorry for What I've Done: The Language of Courtroom Apologies*, Oxford University Press.
・**Hart, H. L. A. (1968)**: *Punishment and Responsibility*, Oxford University Press.

・**Joyce, Richard (1999)**: "Apologizing" in *Public Affairs Quarterly*, 13(2), pp. 159-173.

・**Kirchhoff, J., Wagner, U., & Strack, M. (2012)**: "Apologies: Words of Magic? The Role of Verbal Components, Anger Reduction, and Offence Severity" in *Peace and Conflict: Journal of Peace Psychology*, 18(2), pp. 109-130.

・**Kort, L. F. (1975)**: "What is an Apology?" in *Philosophy Research Archives*, 1, pp. 78-87.

・**Mann, Thomas (1957)**: *Sorge um Deutschland: Sechs Essays*, S. Fischer, S. 73-93.（マン「ドイツとドイツ人」『講演集　ドイツとドイツ人　他五篇』、青木順三訳、岩波文庫、一九九〇年、5―38頁）

・**Miller, David (2007)**: *National Responsibility and Global Justice*, Oxford University Press.（ミラー『国際正義とは何か――グローバル化とネーションとしての責任』、富沢克・伊藤恭彦・長谷川一年・施光恒・竹島博之［訳］、風行社、二〇一一年）

・**Owen, Marion (1983)**: *Apologies and Remedial Interchanges: A Study of Language Use in Social Interaction*, Mouton Publishers.

・**Pettigrove, Glen & Collins, Jordan (2011)**: "Apologizing for Who I Am" in *Journal of Applied Philosophy*, 28(2), pp. 137-150.

・**Radzik, Linda (2009)**: *Making Amends: Atonement in Morality, Law, and Politics*, Oxford University Press.

・**Radzik, Linda (2016)**: "Relationships and Respect for Persons" in *Windsor Studies in Argumentation*, 4, pp. 105-127.

・**Risen, J. L. & Gilovich, T. (2007)**: "Target and Observer Differences in the Acceptance of Questionable Apologies" in *Journal of Personality and Social Psychology*, 92(3), pp. 418-433.

・**Slote, Michael (2007)**: *The Ethics of Care and Empathy*, Routledge.（スロート『ケアの倫理と共感』、早川正祐・松田一郎［訳］、勁草書房、二〇二二年）

- **Smith, Nick (2008)**: *I Was Wrong: The Meanings of Apologies*, Cambridge University Press.
- **Smith, Nick (2014)**: *Justice through Apologies: Remorse, Reform, and Punishment*, Cambridge University Press.
- **Strawson, P. F. ([1962] 2008)**: "Freedom and Resentment" in his *Freedom and Resentment and Other Essays*, Routledge, pp. 1-28. (First published in *Proceedings of the British Academy*, 48, 1962.)（ストローソン「自由と怒り」、法野谷俊哉［訳］、『自由と行為の哲学』、門脇俊介・野矢茂樹［編・監修］、春秋社、二〇一〇年、31—80頁）
- **Tavuchis, Nicholas (1991)**: *Mea Culpa: A Sociology of Apology and Reconciliation*, Stanford University Press.
- **Williams, Bernard (1981)**: "Moral Luck" in his *Moral Luck*, Cambridge University Press, pp. 20-39.（ウィリアムズ「道徳的な運」、鶴田尚美［訳］、『道徳的な運』、伊勢田哲治［監訳］、勁草書房、二〇一九年、33—65頁）
- **Wittgenstein, Ludwig ([1953] 2009)**: *Philosophical Investigations*, revised 4th ed., P. M. S. Hacker & J. Schulte (eds.), Wiley-Blackwell. (First published in 1953.)（ウィトゲンシュタイン『哲学探究』、鬼界彰夫［訳］、講談社、二〇二〇年）
- **Wojcieszak, D. & Saxton, J. W. & Finkelstein, M. M. (2010)**: *Sorry Works! 2.0: Disclosure, Apology, and Relationships Prevent Medical Malpractice Claims*, Authorhouse.（ヴォイチエサック&サクストン&フィンケルスティーン『ソーリー・ワークス！――医療紛争をなくすための共感の表明・情報開示・謝罪プログラム』、前田正一［監訳］、児玉聡・高島響子［訳］、医学書院、二〇一一年）
- **Young, I. M. (2011)**: *Responsibility for Justice*, Oxford University Press.（ヤング『正義への責任』、岡野八代・池田直子［訳］、岩波書店、二〇一四年）
- **Zehr, Howard ([1990] 2015)**: *Changing Lenses: Restorative Justice for Our Times*, MennoMedia. (First published as *Changing Lenses: A New Focus for Crime and Justice*, Herald Press, 1990.)（ゼア『修復的司法とは何か――応報から関係修復へ』、西村春夫・細井洋子・高橋則夫［監訳］、新泉社、二〇〇三年）

あとがき

以前から、謝罪というもの——特に、その微妙さ、捉えがたさ、難しさ——に興味があった。十四年前、いくつかの大学で企業倫理にかかわるテーマを含む講義を受け持ちはじめた際も、不祥事を起こした企業の会見をいくつか見比べて、謝罪の仕方や内容のどこに問題があるのかを検討する、といった試みをしていた。その延長線上で、二〇一五年三月には企業の研修の場に呼ばれ、「〝やってしまった〟から始まるコミュニケーション——企業・団体による〝謝罪〟を題材として」というタイトルの講演をしたこともある。本書でも、コミュニケーションの起点としての謝罪の側面に何度かフォーカスを当てているが、この観点は、遅くともその講演の時点で明確になっていたと思う。

ただ、本書を書こうと思った直接のきっかけは、一昨年に上梓した『いつもの言葉を哲学する』（朝日新書）という本のなかに、「「すみません」ではすまない」と題した論考を収録したことだ。それは五千字に満たない小論であり、本書の用語で言えば〈重い謝罪〉に話題を絞って、その諸特徴をできるだけ簡潔に示したものである。それだけに、そこでは省略したり単純化したりした事柄が多く、あらためて謝罪の全体像を十分に描き取りたいと考えるようになった。そうした意味では、その小論を短編、本書を長編として位置づけることもできるだろう。

ともあれ、謝罪をめぐる問題が日常的に噴出しているこの社会にあって、本書が、そもそも謝罪とは何かが問い直される機会となり、謝罪の適切性や必要性をめぐるひとつの参照枠としての役割を担うことを願っている。

本書は多方面の支援によって成り立っている。まず、本書に関連する研究の一部は、JSPS科研費22K18446および23H00558の助成を受けている。また、校閲・校正担当の方からもご助力を得た。記して感謝申し上げる。

そして、特に本書の内容に関しては、草稿の全体あるいはその大部分を、池田喬さん、倉園哲さん、小手川正二郎さん、吉川孝さんに見ていただいた。さらに、早川正祐さんが主催されている「行為論研究会」でも草稿の一部を検討していただいた。そのおかげで、本書の内容は大幅に改善された。皆さんの貴重な時間を頂戴したこと、また、重要なアドバイスの数々を賜ったことに、深く御礼を申し上げたい。

それから、医師の長谷川剛さんには、先述の小論「「すみません」ではすまない」や、拙著『それは私がしたことなのか』(新曜社、二〇一三年)に着目してくださったのを契機に、日本医療コンフリクト・マネジメント学会の学術大会において謝罪に関する講演を行う機会をいただいた。また、その打ち合わせなどの過程で長谷川さんと対話する機会を得て、非常に多くのことを学んだ。この場を借りて、長谷川さんに心よりの謝意を表したい。

（なお、本書の内容や主張に関する責任は、もちろんその一切を私が負うことを申し添える。）

本書は、編集者の天野潤平さんと二人三脚で作り上げてきた。天野さんは本当に骨身を惜しまない人で、途方もない労力をかけて、ひとつひとつの工程を丹念に、かつ迅速に進めてくださった。また、何よりも内容に関して、豊富な知識と深い理解に基づき、重要な提案や指摘をいくつも頂いた。天野さんがいなかったら、本書の出来がいまより遥かにみすぼらしいものになっていたことは疑いない。

熱意あふれる編集者と一緒に仕事をするのは楽しい。天野さんに教えられ励まされながら本を編んでいく充実した日々が、そろそろ終わろうとしているのは寂しくもあるが、本書を天野さんが担当してくださったことの幸運を、いまは喜びたい。

二〇二三年七月

古田　徹也

【人名】

索引

【事項】

＊事項索引に関しては、該当するページが多い場合には事項の説明がなされているページのみ挙げている。

古田徹也　ふるた・てつや

一九七九年、熊本県生まれ。東京大学大学院人文社会系研究科准教授。東京大学文学部卒業、同大学院人文社会系研究科博士課程修了。博士（文学）。新潟大学教育学部准教授、専修大学文学部准教授を経て、現職。専攻は、哲学・倫理学。『言葉の魂の哲学』で第四一回サントリー学芸賞受賞。その他の著書に、『それは私がしたことなのか』（新曜社）、『ウィトゲンシュタイン　論理哲学論考』（角川選書）、『不道徳的倫理学講義』（ちくま新書）、『はじめてのウィトゲンシュタイン』（NHKブックス）、『いつもの言葉を哲学する』（朝日新書）、『このゲームにはゴールがない』（筑摩書房）など。訳書に、ウィトゲンシュタイン『ラスト・ライティングス』（講談社）など。

謝罪論《しゃざいろん》
謝《あやま》るとは何《なに》をすることなのか

二〇二三年一〇月一〇日　第一刷発行

著　者　古田徹也《ふるたてつや》
発行者　富澤凡子
発行所　柏書房株式会社
東京都文京区本郷二-一五-一三
（〒一一三-〇〇三三）
電話　（〇三）三八三〇-一八九一［営業］
（〇三）三八三〇-一八九四［編集］

装丁　有山達也＋山本祐衣
組版　高井愛
校閲　株式会社麦秋アートセンター
印刷　壮光舎印刷株式会社
製本　株式会社ブックアート

ISBN978-4-7601-5533-0